일본어 음성의 이해

천호재 지음

www.shinasa.co.kr
음성파일
MP3
무료다운로드

공지사항 → 자료실

신아사

저자 서언

본서는 대학교에서 일본어를 전공하는 학생들, 일본어 발음에 대한 지식을 가지고 중고등학생들을 가르치고자 하는 교사들, 일본어를 정확하게 발음하고자 하는 일반인들을 위해 만든 책이다.

저자가 대학에서 근무하면서 일본어 전공자들에게 일본어 음성학을 지도하면서 뼈저리게 느낀 점은 대략 두 가지이다. 하나는 일본어 음성학의 내용을 어디까지 가르쳐야 하는가 하는 것이었다. 기존의 일본어 음성학 교재는 대부분 그 대상이 일본인 학생과 일본인 교사들이다 보니 학습해야 할 내용도 많았고 또한 지나치게 세부적이다 보니 학생들에게 주어진 학습 부담은 이루 말할 수 없었다.[1] 다른 하나는 일본어 음성학을 수강하는 대부분의 학습자들은 일본어 음성학 이론을 이해하는 것보다, 일본어 발음을 완벽하게 학습하고자 하는 데에 목적을 둔다는 점이다. 일본어로 쓰여진 음성학 이론을 일본어로 이해하는 데에 에너지를 뺏긴 나머지 정작 자신들의 발음 실력의 향상에는 못 미치는 악순환이 계속된 것이다.

이에 본 저자는 일본어 음성학에 들어가는 내용들을 과감히 취사선

1) 그러나 건국대학교 일어교육학과에 재직중이신 민광준 교수의 저서(일본어음성학 입문, 건국대학교출판부)는 내용이 참으로 참신하고 깊이가 있어 나름 의지하는 바가 컸으나 저서가 절판되는 바람에 미약하나마 본서의 출간을 더더욱 앞당기는 계기가 되었다.

택을 하여 일본어 학습자들의 학습 부담을 최소화하고, 학습자들이 보다 손쉽고 행복한 마음으로 내용을 이해할 수 있는 일본어 음성학 교재를 출간하고자 결심한 지 3년 만에 드디어 지금의 모습으로 일본어 음성학 교재를 출간하게 되었다.

본서에서 저자는 일본어 학습자들이 큰 학습 부담이 없이 일본어 음성을 이해하고 실제 일본의 성우들이 열연한 음성자료를 수차례 반복함으로써 일본인들의 일본어에 대한 음성 감각을 지닐 수 있도록 노력하였다. 제8장에서 제시한 3개의 음성자료는 모두 きくどら‖ラジオドラマで聴く名作文学~사이트(kikudorabungak.main.jp)에서 제공하는 작품을 저자가 직접 녹취한 것이다. 물론 녹취하기 전에 기쿠도라의 대표자이시고 운영자이신 긴파라 다카후미(金原隆史) 씨에게 모두 승낙을 받았음을 밝혀둔다. 지면을 빌어 긴파라 다카후미 씨에게 심심한 감사의 뜻을 전하는 바이다.

본서는 총 8장으로 구성되었으며 각 장마다 목차를 재수록하여 자신의 학습 좌표를 그때그때 확인할 수 있도록 하였다. 또한 각장의 서두에 키워드를 한글, 한자, 히라가나로 병기하는 방식으로 학습자들이 학습해야 할 내용을 예고하였다.

본서의 가치를 알아보시고 세상에 얼굴을 내밀 수 있도록 큰 힘이 되어 주신 신아사의 정현걸 대표님과 한규갑 상무님께 감사를 드린다.

그리고 원고의 정리에서 편집, 표지 제작에 힘써 주신 편집부 직원들께도 감사를 드린다. 마지막으로 일본 원어민으로서 음성 녹음에 기꺼이 협력을 해 주신 홋타 나나에(堀田奈々絵) 교수님과 노다 다카히로(野田高広) 교수님 두 분께도 깊은 감사의 뜻을 전한다.

2019년 5월(성모성월)에

저자 천호재

목차

제3장 일본어 음성(모음 · 자음 · 반모음)의 기본 지식

제5장 일본어 자음(반모음) 발음의 실제

제2부 일본어 악센트 · 인토네이션 · 프로미넨스 · 포즈 · 리듬

제6장 일본어 악센트의 이해와 실제

제8장 실제 문장을 통한 일본어 발음의 연습

제1부

일본어 발음편

제1장 일본어 음성과 음성 기관

〈제1장의 키워드〉

1.1 음성의 정의

1.2 음성학의 정의 및 분야

1.3 음성 기관

1.4 음성의 단위와 명칭

1.4.1 음성의 단위

1.4.2 음성의 명칭

1.5 일본어 음성의 표기–일본어 자음과 반모음의 음성기호

1.6 요약

〈제1장의 키워드〉

음성(音声, おんせい), 비언어음(非言語音, ひげんごおん), 언어음(言語音, げんごおん), 음성학(言語音, おんせいがく), 조음음성학(調音音声学, ちょうおんおんせいがく), 음향음성학(音響音声学, おんきょうおんせいがく), 청각음성학(聴覚音声学, ちょうかくおんせいがく), 음성기관(音声器官, おんせいきかん), 기도(気道, きどう), 식도(食道, しょくどう), 구강(口腔, こうこう), 비강(鼻腔, びこう), 이(歯, は), 입술(唇, くちびる), 치경(歯茎, はぐき), 혀(舌, した), 혀끝(舌先, したさき), 전설(前舌,ぜんぜつ), 중설(中舌, ちゅうぜつ), 후설(後舌, こうぜつ), 경구개(硬口蓋, こうこうがい), 연구개(軟口蓋, なんこうがい), 구개범(口蓋帆, こうがいはん), 구개수(口蓋垂, こうがいすい), 인두(咽頭, いんとう), 인두벽(咽頭壁, いんとうへき), 후두(喉頭, こうとう), 후두개(喉頭蓋, こうとうがい), 성대(声帯, せいたい), 성문(声門, せいもん), 단음(単音, たんおん), 음절(音節, おんせつ), 유성음(有声音, ゆうせいおん), 무성음(無声音, むせいおん), 모음(母音, ぼいん), 자음(子音, しいん), 반모음(半母音, はんぼいん), 조음점(調音点,ちょうおんてん), 양순음(両唇音, りょうしんおん), 치경음(歯茎音, しけいおん), 치경 · 경구개음(歯茎 · 硬口蓋音, しけい · こうこうがいおん), 경구개음(硬口蓋音, こうこうがいおん), 연구개음(軟口蓋音, なんこうがいおん), 구개수음(口蓋垂音, こうがいすいおん), 성문음(声門音, せいもんおん), 조음법(調音法, ちょうおんほう), 파열음(破裂音, はれつおん), 마찰음(摩擦音, まさつおん), 파찰음(破擦音, はさつおん), 탄설음(弾き音, はじきおん), 비음(鼻音, びおん), 음성기호(音声記号, おんせいきごう), 국제음성기호(国際音声記号, こくさいおんせいきごう)

이 절에서는 음성을 정의하고 음성학의 하위 분야로 어떠한 분야들이 있는지, 음성기관과 음성기관의 명칭, 음성 표기 방법 등에 대해 살펴볼 것이다.

1.1 음성의 정의

일본어에 「音(おと, sound)」과 「声(こえ, voice)」이라는 단어가 있다. 두 단어 모두 인간의 청각기관에 들어오는 소리라는 점에서 공통점을 지니지만 전자의 「音(おと)」은 비언어음(非言語音, non-speech sound)을, 후자의 「声(こえ)」은 언어음(言語音, speech sound)을 가리킨다는 점에서 차이가 있다. 언어음이란 인간이 의사소통을 위하여 음성기관을 사용하여 발생한, 일정한 구절(句節)이 들어간 음을 말하는데, 이것을 음성(音声, おんせい)이라고 한다. 반대로 비언어음이란 사물에서 나는 소리를 비롯해서 동물의 소리, 그리고 설사 인간의 음성기관을 통해서 발생하였다고 해도 생리적인 음(코골이, 하품, 기침, 트림…), 웃음소리, 휘파람 등과 같이 구절이 들어가지 않은 소리를 말한다. 음성학에서는 언어음만이 연구 대상이 되며, 비언어음은 연구의 대상에서 제외된다.

1.2 음성학의 정의 및 분야

언어음을 연구하는 언어학의 한 분야를 음성학(音声学, phonetics)이라고 한다. 음성학에서는 인간의 언어음에 관여하는 음성의 물리적 성질이나 특성들을 관찰하고 분석한다. 예를 들어 음성학에서는 「だいがくせい」를 구성하는 언어음 [d][a][i][g][a][k][ɯ][s][e:] 하나하나의 성질이나 특성들을 물리적으로 관찰한다.

〈그림1〉 일본어 모음의 파형[2)]

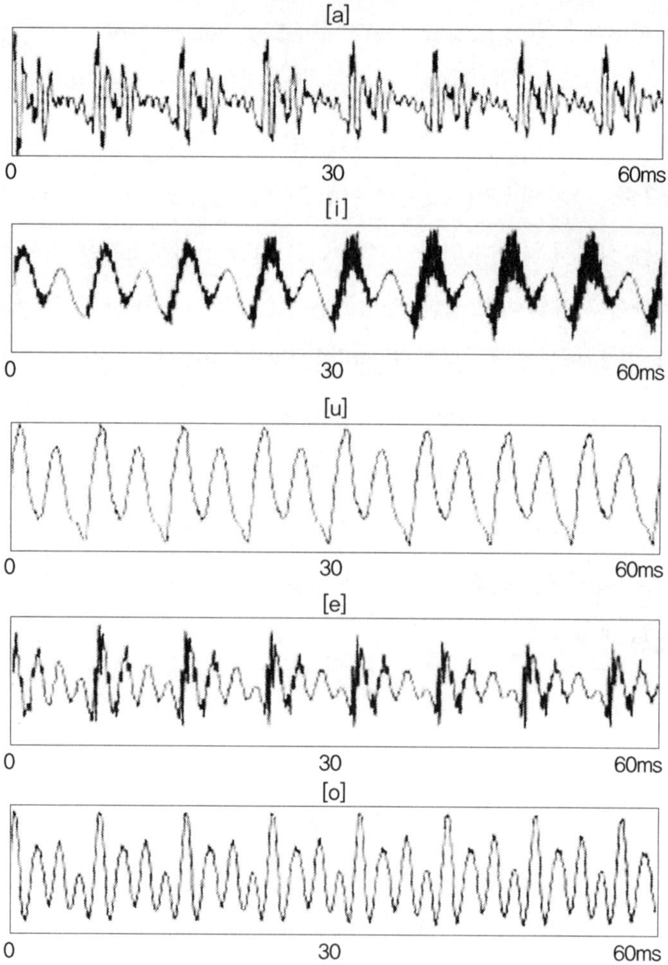

---

2) 〈心の声の悩み〉 https://yaplog.jp/sibahara/archive/684(2019.03.09)에서 인용하였다.

언어음의 특성을 어떻게 관찰하느냐에 따라 음성학은 다시 조음음성학, 음향음성학, 청각음성학으로 나뉜다. 먼저 조음음성학(調音音声学, articulatory phonetics)은 언어음을 만들어내는 주체(화자)의 음성기관을 통해서 언어음이 어떻게 발생되느냐를 연구하는 분야이다. 둘째, 음향음성학(音響音声学, acoustic phonetics)은 언어음을 발생한 주체(화자)와 발생된 언어음을 듣는 존재, 즉 청자 사이를 고려한 연구 분야이다. 즉 음향음성학은 제3자적인 관점으로 언어음의 특성을 화자와 청자가 모두 납득할 수 있도록 특정 언어음의 공기 진동을 음파라는 개념으로 시각적(물리적)으로 포착한다. 예를 들어 음향음성학에서는 〈그림1〉에서 보듯, 음의 파형을 시각화하는 방식으로 모음「あ, い, う, え, お」의 물리적 특성을 포착한다. 최근 인간의 목소리를 알아듣는 인공지능은 모두 음향음성학이 이루어낸 결실이다. 앞으로의 인공지능은 인간의 언어음이 지니는 고유의 물리적 특성을 스스로 조합하여 인간과 자유자재로 대화를 나눌 날도 그리 멀지 않았다고 보여진다. 청각음성학(聴覚音声学, auditory phonetics)은 인간의 언어음을 어떠한 경로로 듣고, 어떠한 인지 메커니즘으로 언어음을 인식하고 이해하는가를 규명하는 분야이다. 청각음성학은 해부학이나 뇌과학에서 많이 다뤄진다. 주로 치료적인 측면에 중점이 두어진다고 할 수 있다.

지금까지 음성학의 하위영역으로 조음음성학, 음향음성학, 청각음성학에 대해서 간단히 살펴보았는데, 이하의 본서에서는 조음음성학적인 관점에 서서 언어음의 특징들을 살펴보고자 한다.

1.3 음성기관

〈그림2〉 음성기관[3)]

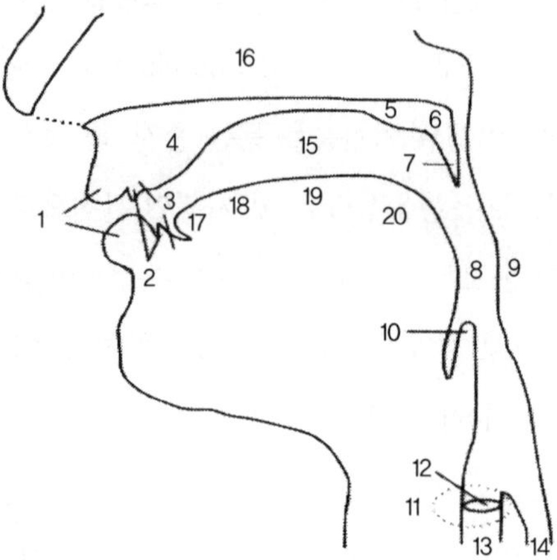

〈표1〉 음성기관의 명칭

1. 입술(唇, くちびる)	11. 후두(喉頭, こうとう)
2. 치아(歯, は)	12. 성대(声帯, せいたい) → 声門
3. 치경(歯茎, しけい)	13. 기관(気管, きかん)
4. 경구개(硬口蓋, こうこうがい)	14. 식도(食道, しょくどう).
5. 연구개(軟口蓋, なんこうがい)	15. 구강(口腔, こうこう)
6. 구개범(口蓋帆, こうがいはん)	16. 비강(鼻腔, びこう)
7. 구개수(口蓋垂, こうがいすい)	17. 혀끝(舌尖, ぜっせん)
8. 인두(咽頭, いんとう)	18. 전설(前舌, ぜんぜつ)
9. 인두벽(咽頭壁, いんとうへき)	19. 중설(中舌, ちゅうぜつ)
10. 후두개(喉頭蓋, こうとうがい)	20. 후설(後舌, こうぜつ)

3) 쓰조메 나오야(都染直也, 2003:24)에서 인용함.

언어음의 발생에 관여하는 기관을 음성기관(音声器官, organ of speech)이라고 한다(〈그림2〉 참조). 음성기관은 직접적으로 언어음이 발생하는 곳만 주의를 기울여 언급하면 구강과 비강으로 나뉜다. 구강에서 목젖을 지나면 식도(食道)와 기도(気道)로 나뉘는데, 이 두 신체 기관 중에서 언어음이 발생하는 기관은 기도이다. 음성기관은 언어음만을 발생하기 위해서 존재하는 것은 아니다.

1.4 음성의 단위와 명칭

이 절에서는 음성의 단위와 명칭에 대해 살펴보고자 한다. 1.4.1절에서는 일본어 음성의 단위에 대해서, 1.4.2절에서는 일본어 음성의 명칭에 대해서 살펴보도록 하겠다.

1.4.1 음성의 단위

일본인들은 음성의 최소 단위를 가나 한 자로 여기는 경향이 강하다. 이것은 일본어 가나가 음소문자가 아닌 음절문자이기 때문이다. 음절을 언어음의 최소단위로 여기면 거기엔 두 개의 언어음이 일반적으로 결합해 있으므로 결합한 언어음의 최소단위를 분해할 수 없다. 분해할 수 없다는 말은 언어음의 성질을 완벽하게 규명할 수 없다는 뜻이다. 그래서 예를 들어 「ま」는 [m][a]와 같이 더 잘게 쪼개어서 최소단위를 얻는다. 이렇게 하여 얻어진 언어음의 최소단위를 단음(単音,

single tone)이라 한다. 단음은 [m]에서 보듯이 [ ] 안에 기호(알파벳 소문자)를 넣는 방식으로 표기한다. [ ] 표시는 그 속에 들어간 기호를 최대한 정확하게 읽어야 한다는 것을 의미한다. 이와는 달리 음절(音節, syllable)이라고 불리는 단위도 있다. 음절은 실제로 음성을 입 밖으로 소리 낼 수 있고 귀로도 들을 수 있다. 즉「か」의 [k]와 [a]는 각각 단음인 반면, [ka]는 음절이다. [k]는 소리를 낼 수 없고 귀로도 들을 수 없으므로 단음이며, [a]는 소리를 단독으로 소리를 낼 수 있으므로 단음인 동시에 음절이 될 수 있다. 제2장에서 다시 상세히 설명하도록 하겠다.

1.4.2 음성의 명칭

우선 성대의 떨림에 따른 음성의 명칭부터 보도록 하자. 폐에서 나온 날숨이 성문을 지날 때 성대가 떨리면 유성음(有声音, voiced sound), 떨리지 않으면 무성음(無声音, unvoiced sound)이라고 한다. 성대의 떨림 유무는 성대에 손가락을 대보면 알 수 있다. 유성음은 성대가 떨리는 반면, 무성음은 떨리지 않는다. 또한 양쪽 귀를 막고 유성음과 무성음을 식별하는 방법이 있다. 유성음을 발음할 때에만 성대의 떨림을 인식할 수 있다.

둘째, 구강 내의 방해 정도에 따른 음성의 명칭이다. 방해의 정도에 따라 모음, 자음, 반모음으로 나뉜다. 모음(母音, vowel)은 구강 내에서 거의 방해를 받지 않고 구강을 빠져 나오는 언어음이다. 자음(子音, consonant)은 구강 내에서 폐쇄, 마찰, 파열 등의 방해를 받으면서 구강을 빠져 나오는 언어음이다. 반모음(半母音, semi vowel)은 모음보다는 방해를 많이 받지만, 자음보다는 방해를 덜 받는 언어음이다.

셋째, 조음점(調音点, point of articulation)에 따른 음성의 명칭이다. 조음점은 발음에 관여하는 특정한 장소이다. 조음점으로 양쪽 입술, 치경, 치경-경구개, 경구개, 연구개, 구개수, 성문 등이 있다. 양순음(両唇音, bilabial)은 양쪽 입술이 관여하여 만들어지는 음성이다. 치경음(歯茎音, alveolar)은 위의 잇몸과 혀가 관여하여 나는 음성이다. 치경-경구개음(歯茎-硬口蓋音, alveolar-palate)은 치경 후반부와 경구개 전반부에 전설 부분이 닿거나 근접해서 나는 음성이다. 경구개음(硬口蓋音, palatal)은 경구개와 중설이 관여하여 나는 음성이다. 연구개음(軟口蓋音, velar)은 연구개와 후설이 관여하여 나는 음성이다. 구개수음(口蓋垂音, uvular)은 목젖과 후설이 관여하여 나는 음성이다. 성문음(声門音, glottal)은 성문이 관여하여 나는 음성이다.

마지막으로 조음법(調音法, manner of articulation)에 따른 음성의 명칭이다. 조음점이 음성을 만들어내는 장소라면 조음법은 음성을 만들어내는 방법이다. 조음법으로는 파열, 마찰, 파찰, 탄설, 비음이 있다. 날숨을 폐쇄시켰다가 개방하면서 나는 음성을 파열음(破裂音, plosives)이라고 한다. 구강 내의 비좁은 틈을 마찰시켜 내는 음성을 마찰음(摩擦音, fricative)이라고 한다. 파열과 동시에 마찰을 해서 내는 음성을 파찰음(破擦音, affricate)이라고 한다. 혀끝을 위의 치경 부분에 튕겨서 내는 음성을 탄설음(弾き音, flap)이라고 한다. 목젖을 내려서 날숨을 비강 쪽으로 틀어서 내는 음성을 비음(鼻音, nasals)이라고 한다.

1.5 일본어 음성의 표기–일본어의 자음과 반모음의 음성기호

일본어의 음성은 앞에서 이미 언급한 바와 같이 [ ]안에 알파벳 소문자를 넣어 표기한다. 음성기호는 「ま」[ma]에서 보듯, 알파벳 소문자를 기입하는 경우도 있지만, [ɯ][ɾ][ɕ]와 같이 특수한 기호를 기입하는 경우도 있다. 이들 기호들은 구체적 음성을 표기하므로 음성기호(音声記号)라고 한다. 국제음성협회에서 19세기 후반에 세계의 언어음을 발음하기 위한 일환으로 국제음성기호(国際音声記号)를 제정하였다. 각 나라의 언어음들이 미묘하게 다르기 때문에 상당히 많은 특수한 기호들과 보조기호들이 사용된다. 다음의 〈표2〉에서는 일반적으로 사용되는 일본어의 자음과 반모음을 나타내는 발음기호가 표시되어 있다. 본서에서는 이들 발음기호를 그대로 사용하고자 한다. 모음과 자음의 발음기호에 대해서는 2장에서 상세히 설명하도록 하겠다.

〈표2〉 일본어의 자음과 반모음의 음성기호

조음법 \ 조음점		양순음	치경음	치경·경구개음	경구개음	양순·연구개음	연구개음	구개수음	성문음
비음	유성음	m	n	ɲ			ŋ	ɴ	
파열음	무성음	p	t				k		
	유성음	b	d				g		
마찰음	무성음	ɸ	s	ɕ	ç				h
	유성음		z	ʑ					
파찰음	무성음		ʦ	ʨ					
	유성음		ʣ	ʥ					
탄설음	유성음		ɾ						
반모음	유성음				j	w			

1.6 요약

인간이 내는 소리에는 언어음과 비언어음이 있다. 언어음은 인간이 의사소통을 위하여 음성기관을 사용하여 발생한 일정한 구절(句節)이 들어간 음을 말하며 이것을 음성이라고 한다. 음성학에서는 언어음만이 연구 대상이 된다. 언어음을 연구하는 언어학의 한 분야를 음성학이라고 하며, 음성학은 다시 조음음성학, 음향음성학, 청각음성학으로 하위 분류된다. 본서에서는 조음음성학적인 관점에 서서 언어음이 어떻게 만들어지는지를 살펴보았다. 언어음의 발생에 직접 관여하는 기관을 음성기관이라고 한다. 음성기관은 구강과 비강으로 나뉘며, 구강 안에는 입술, 치아, 치경, 경구개, 연구개, 구개범, 구개수, 인두, 인두벽, 후두개, 후두, 성대(성문) 등이 들어 있고, 폐에서 올라온 날숨이 이들 기관과 혀가 상호작용하는 방식으로 언어음이 만들어진다. 언어음의 최소단위를 단음이라고 하며, 그 단음은 [ ] 안에 음성기호를 넣는 방식으로 표기한다. 한편 음절이라는 단위도 있는데, 음절은 실제로 음성을 입 밖으로 소리 낼 수 있고 귀로도 들을 수 있다. 반면에 단음은 입 밖으로 낼 수 있는 것도 없는 것도 있다. 성대의 떨림 유무에 따라 언어음은 유성음과 무성음으로 나뉜다. 구강 내의 방해 정도에 따라 언어음은 모음, 자음, 반모음으로 나뉜다. 발음이 발생하는 구강 내의 특정 장소를 조음점이라고 하며, 조음점에 따라 언어음은 양순음, 치경음, 치경-경구개음, 경구개음, 연구개음, 구개수음, 성문음으로 나뉜다. 마지막으로 언어음을 내는 방식을 조음법이라고 하는데, 이 조음법에 따라 언어음은 파열음, 마찰음, 파찰음, 탄설음, 비음으로 나뉜다. 일본어의 언어음(단음)은 [ ]안에 알파벳 소문자나 특수기호를 넣어 표기한다. 언어음을 표기한 기호를 음성기호라고 하며 국제적으로 규정한 음성기호를 국제음성기호라고 한다. 본서에서는 국제음성기호보다 덜 복잡한 자음과 반모음의 음성기호를 사용하였다.

제2장 일본어 발음의 단위

〈제2장의 키워드〉

2.1 일본어 발음 단위의 종류

2.2 음절과 박

2.3 단음과 음소—음성학과 음운론

2.4 미니멀 페어(최소대립, 최소대립어)

2.5 상보적 분포와 조건이음, 자유이음

2.6 요약

〈제2장의 키워드〉

음소문자(音素文字, おんそもじ), 음절문자(音節文字, おんせつもじ), 음절(音節, おんせつ), 박(拍, はく), 등시성(等時性, とうじせい), 장모음(長母音, ちょうぼいん), 발음(撥音, はつおん), 촉음(促音, そくおん), 단음(単音, たんおん), 음소(音素, おんそ), 음운론(音韻論, おんいんろん), 미니멀 페어(ミニマル・ペアー), 최소대립(最少対立, さいしょうたいりつ), 최소대립어(最少対立語, さいしょうたいりつご), 변이음(変異音, へんいおん), 조건이음(条件異音, じょうけんいおん), 상보적 분포(相補的分布, そうほてきぶんぷ), 자유이음(自由異音, じゆういおん)

2.1 일본어 발음 단위의 종류

한국인들은「か」라고 하는 일본어 발음을 들으면 일반적으로「か」가「ㅋ+ㅏ」가 합성된 언어음이라고 생각할 것이다. 그런데 일본인들은 일반적으로「か」는「か」이지 한국인들처럼「か」→[k+a]로 분해하고자 하는 의식을 가지지 않는다. 이러한 한국인과 일본인들의 의식차는 한글이 음소문자이고, 일본의 가나가 음절문자인 데에서 극명하게 드러난다. 1장에서는「か」음을 구성하는 [k]와 [a]를 각각 언어음의 최소단위인 단음으로 규정한 바 있다. 단음은 일본어 발음의 특성을 이해하는 데에 매우 중요한 개념인 것은 물론이지만, 가나의 특성에서 드러나는 음절도 일본어 발음의 특성을 이해하는 데에 필수불가결한 요소이다.

2.2 음절과 박

일본어의 음절(音節, syllable)은 이미 언급한 바와 같이 단독으로 발음할 수 있고, 들을 수 있는 한 덩어리의 최소단위이다. 이에 반해 단음은 자음이나 반모음처럼 청각적으로 발음할 수 없기에 들을 수 없는 것도 있는가 하면, 모음처럼 들을 수 있는 것도 있다.

음절을 고려할 때, 늘 따라붙는 개념이 있는데, 그것은 바로 '박(拍, mora)'이다. 예를 들어「ともだち(友達)」는「と・も・だ・ち」와 같이 4개의 가나, 즉 4음절로 구성되어 있는데, 이 때「と・も・だ・ち」의 각

음절은 늘 동일한 길이로 발음이 되어야 한다. 이러한 특성을 등시성(等時性, isochronous)이라고 하며, 이러한 등시성으로 발음되는 언어음의 단위를 박이라고 한다. 예를 들어「ともだち(友達)」는 4음절이므로 4분의 4박자로 간주하여「と(1박)・も(1박)・だ(1박)・ち(1박)」으로 골고루 분배하여 발음을 한다. 요음(拗音)은 두 글자(きゃ)가 1박이다.

그런데 일본어의 가나(히라가나・가타가나) 중에는 음절을 이루지 못하는 것이 있는데, 바로 장모음, 발음「ん」, 촉음「っ」이 그것이다. 장모음과 발음, 그리고 촉음은 단독으로 사용되는 일은 없기 때문에 그 자체만으로 발음할 수 없으며 들을 수도 없다. 그러나 음절을 이루는 다른 가나와 마찬가지로 박을 가지고 있다. 예를 들어「きって(切手)」는「きっ・て」로 2음절이지만, 박의 단위로는「き・っ・て」로 3박의 단어이다. 많은 일본어 학습자들이 촉음, 장모음, 발음에 주어진 박을 소홀히 여기며 발음을 해버리는 모습을 자주 볼 수 있는데, 이러한 모습은 그들의 뇌리 속에 박의 개념이 들어 있지 않기 때문이라고 할 수 있다. 아래의 일본어 악보를 보면서 노래를 들어보면 일본인들이 얼마나 박을 중시하는지를 느낄 수 있을 것이다.[4] 촉음과 발음에 멜로디가 따로 지정되어 있기 때문이다.

---

4) 이 악보는 아래의 사이트에서 인용한 것이다.〈思い出のアルバム・オケラ〉
http://bunbun.boo.jp/okera/aaoo/omoidze_album.htm(2019.03.10)〈思い出のアルバム歌詞付き〉
https://www.youtube.com/watch?v=JtdzrWoPedzog(2019.03.10) 유튜브에 들어가면 해당 노래를 들을 수 있다.

おもいでのアルバム

増子とし 作詞
本多鉄麿 作曲

이해를 돕기 위해 아래의 단어들이 지니는 음절과 박을 제시해 둔다.

〈표3〉 음절과 박

단어	음절	박
さかな(魚)	さ/か/な(3음절)	さ/か/な(3박)
かんこくご(韓国語)	かん/こ/く/ご(4음절)	か/ん/こ/く/ご(5박)
マッサージ	マッ/サー/ジ(3음절)	マ/ッ/サ/ー/ジ(5박)
おにいさん(お兄さん)	お/にい/さん(3음절)	お/に/い/さ/ん(5박)
きょうと(京都)	きょう/と(2음절)	きょ/う/と(3박)

2.3 단음과 음소-음성학과 음운론

일본어 발음의 특성을 이해하고 나아가 정확하게 발음하기 위해서는 단음과 음소의 차이를 분명히 학습해 둘 필요가 있다. 단음(単音, single tone)과 음소(音素, phoneme)는 언어음의 최소단위라는 점에서 공통점을 지닌다. 그러나 단음은 앞에서 이미 언급한 바와 같이 음성학상의 최소단위, 음소는 음운론상의 최소단위라는 점에서 서로 차이를 보인다. 단음은 예를 들어 「さかな」(魚)[s][a][k][a][n][a]에서 보듯 「さかな」를 구성하는 실제적이고 물리적인 언어음을 가리킨다. 음성학은 단음을 연구 대상으로 하며 구체적으로는 단음의 물리적 특성과 특정 언어음과 구강과의 상호작용을 연구하는 언어학의 한 분야이다.

한편, 음소는 실제의 언어음이 아니라 의미의 구별에 관련된 심리적인 언어음의 단위이다. 예를 들어 「たいがく(退学)」[tʰaigakɯ]와 「だいがく(大学)」[daigakɯ]는 [t]와 [d]를 제외하고는 나머지 언어음의 환경은 동일하다. 즉 어두에 [t]가 오느냐 [d]가 오느냐에 따라 의미가 달라진다. 이와 같이 의미 구별에 관여하는 언어음의 최소단위를 음소라고 하며 /t/에 보듯, 두 개의 사선 사이에 발음기호를 넣는 방식으로 표기한다. 음소는 음운론의 연구 대상이 된다. 음운론(音韻論, phonology)은 언어음들이 단어의 의미를 구별하는 데에 어떠한 방식으로 유효한 언어음의 단위(음소)를 설정할 수 있는지를 연구하는 언어학의 한 분야이다.

2.4 미니멀 페어(최소대립, 최소대립어)

일본어의 발음을 정확하게 이해하고 발음을 하기 위해서는 미니멀 페어의 개념을 파악해야 한다. 2.3절에서 언급한 「たいがく(退学)」와 「だいがく(大学)」를 보도록 하자. 이 두 단어의 의미가 다른 것은 어두에 오는 /t/와 /d/의 차이 때문이다. 따라서 /t/와 /d/는 의미를 구별하는 기능을 하며, 그 귀결로 별개의 음소로 규정할 수 있다.

[**t**^{h}aigakɯ] たいがく(退学)

[**d**aigakɯ] だいがく(大学)

위의 두 단어의 발음 기호를 보면 /t/와 /d/만이 별개의 음소로 대립하고 있을 뿐, 그 외의 차이는 없다. 즉 두 개의 단어가 어두의 /t/와 /d/를 통해 의미적으로 대립을 하고 있는데, 이를 미니멀 페어(minimal pair), 즉 최소대립(最少対立)이라고 하며 이러한 두 단어를 최소대립어(最少対立語)라고 한다. 제5장에서 실제로 발음 연습을 하게 되는데, /t/와 /d/, /k/와 /g/는 한국인 일본어 학습자가 정확하게 구별해서 발음하기가 어렵기 때문에 최소대립어를 각별히 유의할 필요가 있다.

2.5 상보적 분포와 조건이음, 자유이음

일본어의 발음을 정확하게 이해하기 위해서는 상보적 분포와 조건이음, 그리고 자유이음에 대해서 제대로 학습해 둘 필요가 있다. 예를 들어 일본어의 촉음「っ」은 후속하는 자음의 음성적 특징에 따라서 다섯 개, 즉 [p], [t], [k], [s], [ɕ]의 음가를 지닌다. 촉음은 /Q/로 표시되는데, 한국어를 예로 들어 말하면 받침에 해당한다. 이를 간략하게 나타내면 다음과 같다.

/Q/→[p] : 후속 자음 [p]와 [pʲ]가 올 경우

ex) いっぱい[i**pp**ai], いっぴき[i**pp**ʲikʲi]

/Q/→[t] : 후속 자음 [t][ʦ][ʨ]가 올 경우

ex) きって[kʰi**tt**e], いっつう[i**tʦ**ɯː], いっち[i**tʨ**i]

/Q/→[k] : 후속 자음 [k][kʲ]가 올 경우

ex) クッキー[kʰɯ**kk**ʲiː], あっか[a**kk**a]

/Q/→[s] : 후속 자음 [s]가 올 경우

ex) いっすん[i**ss**ɯɴ], いっせき[i**ss**ekʲi]

/Q/→[ɕ] : 후속 자음 [ɕ]가 올 경우

ex) ざっし[dza**ɕɕ**i], いっしょ[i**ɕɕ**o]

/Q/라는 하나의 음소가 후속하는 자음의 음성학적 특징에 의해 [p], [t], [k], [s], [ɕ] 등의 언어음으로 변화하는데, 이것을 일반적으로 변이음(変異音, allophone)이라고 한다. 한국어로 말하면 일본어의「い

っ」이 후속 자음의 영향으로「입」,「읻」,「익」,「잇」으로 변화되는 셈이다. 한국인들은 변이음「입」,「읻」,「익」,「잇」을 제각기 다른 언어음으로 취급하지만, 일본인들은 그렇지 않다. 이들 변이음은 음성학적으로 촉음의 성질을 면밀히 들여다보았을 때 나타나는 개념이다.

그런데 /Q/의 변이음 [p], [t], [k], [s], [ɕ]들은 아무렇게나 실현되는 것이 아니라 후속음이 특정 자음이라는 조건하에서 특정한 언어음으로 실현되는데, 이를 조건이음(条件異音)이라고 한다. 한편, 다른 각도에서 보면 조건이음 [p], [t], [k], [s], [ɕ]들은 특정 후속음이 왔을 때에 실현되며, 어떤 특정한 언어음이 실현될 때, 다른 언어음들은 그곳에 나타나지 않는 것을 알 수 있다. 이러한 이음들의 분포 방식을 상보적 분포(相補的分布, complementary distribution)라고 한다. 촉음 외에 /h/, 발음 /ɴ/에 대해서도 동일한 방식의 설명이 가능하다.

한편「た(田)」를 유기음 [tʰa]로 강하게 발음해도, 무기음 [ta]로 약하게 발음해도 전혀 의미가 변화하지 않는다. 이와 같이 동일한 언어음 환경 속에서 유사한 언어음을 자유롭게 교체해도 하등의 의미적 차이가 나타나지 않는 이음을 자유이음(自由異音)이라고 한다. 반면에 한국어의 경우「ㅌ」과「ㄷ」는 제각각 유기음과 무기음이며 의미가 구별되므로 자유이음이 아닌 음소가 된다.

2.6 요약

단음은 일본어 발음의 특성을 이해하는 데에 매우 중요한 개념이다. 또한 가나의 특성에서 드러나는 음절도 일본어 발음의 특성을 이해하는 데에 매우 중요하다. 음절은 단독으로 발음할 수 있으며, 실제로 들을 수 있는 발음 단위이다. 음절을 고려하면 박이라는 개념이 늘 따라붙는다. 단어를 구성하는 각 음절을 동일한 길이로 발음해야 하는데 이를 등시성이라고 한다. 등시성을 고려한 하나의 가나 발음의 시간적 길이를 박이라고 한다. 촉음이나 발음, 장모음은 음절로 인정되지 않는다. 그러나 박은 지닌다. 단음(単音)과 음소(音素)는 언어음의 최소단위라는 점에서 공통점을 지니지만, 단음은 음성학상의 최소단위인 반면에, 음소는 음운론상의 최소단위라는 점에서 차이가 있다. 단음을 연구하는 분야는 음성학, 음소를 연구하는 분야는 음운론이다. 두 개의 단어가 예를 들어 동일한 위치에서 /t/와 /d/만 차이를 보이며 의미적으로 대립하는 것을 미니멀 페어(minimal pair) 또는 최소대립한다고 하며, 나아가 이들 두 단어를 최소대립어라고 한다. 하나의 음소가 후속하는 자음의 음성학적 특징에 의해 다른 음으로 변화한 특정한 언어음을 변이음(変異音)이라고 한다. 특정한 변이음이 어느 조건 하에서 실현된다면 그 언어음을 조건이음이라고 한다. 특정한 변이음이 특정한 조건하에서만 실현되며, 다른 변이음들이 일절 그곳에 나타나지 않을 때, 그 변이음들은 상보적으로 분포하고 있다고 할 수 있다. 동일한 언어음 환경 속에서 유사한 언어음을 자유롭게 교체해도 하등의 의미적 차이가 나타나지 않는 이음을 자유이음(自由異音)이라고 한다.

제3장 일본어 음성(모음 · 자음 · 반모음)의 기본 지식

〈제3장의 키워드〉

3.1 일본어 모음의 기본 지식
- 3.1.1 모음의 종류
- 3.1.2 단모음과 연모음
- 3.1.3 단모음과 장모음
- 3.1.4 유성모음과 무성모음

3.2 일본어 자음의 기본 지식
- 3.2.1 성대 떨림의 유무에 의한 분류
  - 3.2.2.1 유성자음
  - 3.2.2.2 무성자음
- 3.2.2 조음점에 의한 분류
  - 3.2.2.1 양순음
  - 3.2.2.2 치경음
  - 3.2.2.3 치경 · 경구개음
  - 3.2.2.4 경구개음
  - 3.2.2.5 연구개음
  - 3.2.2.6 성문음
  - 3.2.2.7 구개수음
- 3.2.3 조음법에 의한 분류
  - 3.2.3.1 파열음
  - 3.2.3.2 마찰음
  - 3.2.3.3 파찰음
  - 3.2.3.4 탄설음
  - 3.2.3.5 비음
- 3.3 반모음
- 3.4 요약

〈제3장의 키워드〉

모음(母音, ぼいん), 원순모음(円唇母音, えんしんぼいん), 비원순모음(非円唇母音, ひえんしんぼいん), 전설모음(前舌母音, ぜんぜつぼいん), 후설모음(後舌母音, こうぜつぼいん), 고모음(高母音, こうぼいん), 협모음(狭母音, せまぼいん), 저모음(低母音, ひくぼいん), 중모음(中母音, ちゅうぼいん), 광모음(広母音, ひろぼいん), 단모음(短母音, たんぼいん), 연모음(連母音, れんぼいん), 이중모음(二重母音, にじゅうぼいん), 장모음(長母音, ちょうぼいん), 유성모음(有声母音, ゆうせいぼいん), 무성모음(無声母音, むせいぼいん), 자음(子音, しいん), 유성자음(有声子音, ゆうせいしいん), 무성자음(無声子音, むせいしいん), 양순음(両唇音, りょうしんおん), 치경음(歯茎音, はぐきおん・しけいおん), 치경경구개음(歯茎・硬口蓋音, はぐきこうこうがいおん), 경구개음(硬口蓋音, こうこうがいおん), 연구개음(軟口蓋音, なんこうがいおん), 성문음(声門音, せいもんおん), 구개수음(口蓋垂音, こうがいすいおん), 조음법(調音法, ちょうおんほう), 파열음(破裂音, はれつおん), 마찰음(摩擦音, まさつおん), 파찰음(破擦音, はさつおん), 탄설음(弾き音, はじきおん), 비음(鼻音, びおん), 반모음(半母音, はんぼいん)

제3장에서는 본격적인 일본어 발음에 들어가기 전에 모음, 자음, 반모음에 관련된 예비지식을 소개하고자 한다. 3.1절에서는 일본어 모음의 기본지식에 대해서 설명할 것이다. 먼저 일본어의 기본 모음을 설명할 것이다. 그다음으로는 단모음과 연모음의 차이, 단모음과 장모음의 차이, 유성모음과 무성모음의 차이를 살펴볼 것인데, 이러한 모든 차이를 열심히 학습한 독자는 일본어 모음이 지니는 특성을 충분히 이해하게 될 것이다. 3.2절에서는 일본어 자음에 대한 기본 지식을 살펴볼 것이다. 구체적으로는 성대의 떨림 유무에 관련하여 유성자음과 무성자음의 예를 살펴볼 것이다(3.2.1절). 조음점에 따라 양순음, 치경음, 치경·경구개음, 경구개음, 연구개음, 성문음, 구개수음과 그 예들을 살펴볼 것이다(3.2.2절). 조음법에 따라 다시 자음을 파열음, 마찰음, 파찰음, 탄설음, 비음과 그 예들을 살펴볼 것이다(3.2.3절). 마지막으로 3.3절에서는 반모음의 특성과 예를 살펴볼 것이다.

3.1 일본어 모음의 기본 지식

이 절에서는 일본어의 기본 모음의 특징, 단모음과 연모음, 단모음과 장모음, 유성모음과 무성모음에 대해서 살펴보도록 하겠다.

3.1.1 일본어 모음의 종류

일본어 모음으로 다음과 같은 다섯 개의 음소가 있으며 그 발음은 다음과 같다.

あ	い	う	え	お
/a/	/i/	/u/	/e/	/o/
[a]	[i]	[ɯ]	[e]	[o]

일본어의 모음은 유성음이다. 이들 모음은 발음을 할 때 ①입술모양이 둥그냐 둥글지 않느냐, ②혀의 어느 부위(전설-중설-후설)가 구강 천장을 향하느냐, ③구강 내에서 혀의 위치가 높으냐 혹은 낮으냐에 따라 분류된다. 이들 기준으로 위에 제시한 다섯 개의 모음을 분류하면 다음과 같다.

〈표4〉 일본어 모음의 분류

가나	모음 음소	발음기호	모음의 분류
あ	/a/	[a]	비원순모음 · 저모음
い	/i/	[i]	비원순모음 · 전설모음 · 고모음
う	/u/	[ɯ]	비원순모음 · 후설모음 · 고모음
え	/e/	[e]	비원순모음 · 전설모음 · 중모음
お	/o/	[o]	원순모음 · 후설모음 · 중모음

모음은 폐에서 올라온 날숨이 성대를 울리며 구강 내에서 거의 방해를 받지 않고 발음된다. 먼저 ①입술모양부터 보면 [o]는 원순모음(円唇母音, round vowel, 입술이 둥근 모음)인 반면에, 나머지 [a], [i], [ɯ], [e]는 비원순모음(非円唇母音, unround vowels, 입술이 둥글지 않는 모음, 평순모음이라고도 한다)인 것을 알 수 있다. 한국어의 「우」는 원순모음이지만, 일본어의 /u/→[ɯ]는 비원순모음인 것에 유의할 필요가 있다. 일본어의 기본모음 다섯 개의 입술모양을 그림으로 나타내면 다음과 같다.[5)]

〈그림3〉 모음의 입술모양

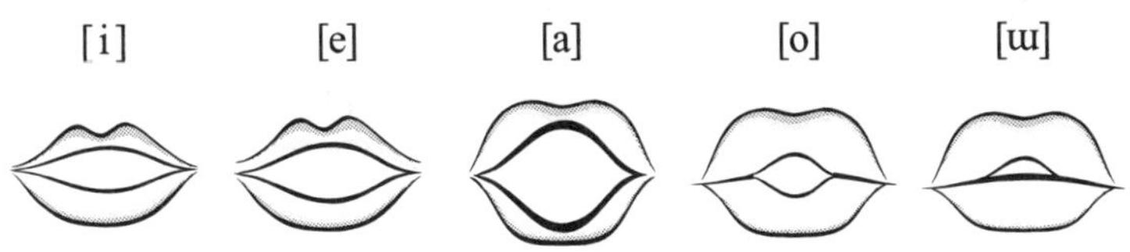

둘째, ②구강 천장을 향하는 혀의 부위를 보면, [i]와 [e]는 전설모

5) 이마다 시게코(今田滋子, 1992:27)에서 인용하였다.

음(前舌母音, front vowel)이지만, [ɯ]와 [o]는 후설모음(後舌母音, back vowels)이다. [a]는 발음을 해보면 혀의 어느 부위도 구강 천장을 향하지 않으므로 ②의 기준이 적용되지 않는다. 마지막으로 ③구강 내의 혀의 위치를 보면 [i], [ɯ]는 혀의 위치가 높은 고모음(高母音, high vowels, 협모음(狭母音, closed vowels)이라고도 한다)이며, [a]는 혀의 위치가 낮기 때문에 저모음(低母音, law vowel), 광모음(広母音, open vowel)이라고도 한다. [e]와 [o]는 [i]와 [ɯ]만큼 혀의 위치가 높지 않지만, [a]만큼 혀의 위치가 낮지도 않으므로 중모음으로 분류된다.

②의 혀의 부위와 ③의 혀의 위치를 기준으로 모음의 그림을 나타내면 다음과 같다.[6] 〈그림4〉에 제시된 모음의 분류를 의식하면서 다섯 개의 모음을 발음해 보도록 하자.

〈그림4〉 모음의 구강내 모양

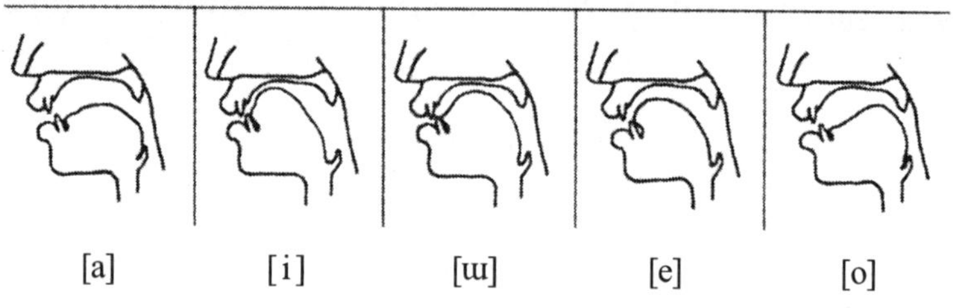

일본어의 다섯 개 모음은 다니엘 존스(Daniel, Jones)라는 영국의 음성학자가 정한 8개 기본모음 [i], [e], [ɛ], [a], [ɑ], [ɔ], [o], [u], [ɯ]의 좌

6) 이소무라 가즈히로(磯村一弘, 2009:11)에서 인용하였다.

표와 차이가 나는 것을 볼 수 있는데, 이는 일본어(외국어) 모음의 개별적 특성을 이해하는 데에 매우 유용하다.

3.1.2 단모음과 연모음

하나의 모음을 단모음이라고 한다. 3.1.1절에서 설명한 일본어의 「い」[i], 「え」[e], 「あ」[a], 「お」[o], 「う」[ɯ]는 단모음들이다. 그런데 단어를 구성하는 단음들 중에서 모음 2개가 연속해서 나타나는 단음들을 볼 수 있는데, 그것을 연모음(連母音, hiatus)이라고 한다.

「い」[i] → **いい**、いえ、いあ、いお、いう
「え」[e] → **えい**、**ええ**、えあ、えお、えう
「あ」[a] → あい、あえ、**ああ**、あお、あう
「お」[o] → おい、おえ、おあ、**おお**、おう
「う」[ɯ] → うい、うえ、うあ、うお、**うう**

위에 제시한 연모음들은 2음절(2박)로 각각 별도로 발음해야 하는 것이 있는가 하면, 강조체로 표시된 연모음들은 1음절 2박으로 발음해야 하는 것도 있다. 주로 서로 음성적 특징을 달리하는 모음이 연속되는 것을 연모음이라고 한다. 반대로 강조체로 표시한 연모음들과 같이 음성적 특징을 같이 하는 모음은 장모음이라고 하여 서로 구별한다(자세히는 3.1.3절 참조할 것). 「えい」는 2음절일 경우, 연모음이지만 「えいご」일 경우는 장모음이 된다. 한편 1음절 1박으로 발음을 하는 연모음은 더 이상 연모음이 아니고 이중모음(二重母音, diphthong)이 된다. 예를 들어 「위스키」를 「ウイスキー」로 발음하면 연모음으로 발음한 것이고, 「ウィスキー」로 발음하면 이중모음으로 발음한 것이다. 저자의 개인적인 체험이긴 하지만 중국유학생들이 일본어 발음을 할 때, 연모음 발음을 매우 힘들어 하는 모습을 많이 보았다.

3.1.3 단모음과 장모음

일본어 모음 중에는 장모음(長母音)이 있다. 장모음은 단모음의 한 박만큼 끊지 않고 길게 발음하는 것을 말한다. 장모음의 음소는 /R/로 표시하며 보조 기호 [ː]로 장모음을 표시한다. 예를 들면 「おかあさん」은 [okaːsaɴ]으로 표기한다. 한국어에는 장모음은 있지만, 장모음을 별도로 표시하는 장치는 없다. 예를 들어 「눈(目)」과 「눈(雪)」의 경우, 한국인들은 대부분 전자의 「눈(目)」은 짧게, 후자의 「눈(雪)」은 길게 발음할 것이다. 「말(馬)」과 「말(ことば)」도 전자는 짧게, 후자는 길게 발음할 것이다. 그러나 이것은 어디까지나 사회적으로 관습화된 것이지, 별도의 장음 표시가 있어서 그렇게 발음하는 것은 아니다. 이러한 연유로 한국인 일본어 학습자들이 일본어 장모음을 발음할 때, 길게 발음하지 않고 단모음으로 발음해 버리는 경우를 많이 볼 수 있다.

3.1.4 유성모음과 무성모음

모음은 단모음이든 연모음이든 장모음이든 모두 유성모음이지만 무성모음으로 발음되는 경우도 있다. 즉 유성모음을 전후의 음 환경에 따라 무성화해서 발음해야 하며, 그렇게 해서 발음된 모음을 무성모음(無声母音, unvoiced vowels)이라고 한다. 보조 기호로 [̥]를 사용한다. 즉 무성화된 모음 [i], [e], [a], [o], [ɯ] 아래에 보조 기호로 [̥]를 붙인다.

예를 들어, 「ます[masɯ̥]」나 「です[desɯ̥]」를 발음할 경우 [ɯ]를 무성화해서 발음을 한다. 무성화가 되었는지를 판가름하려면 성대에 손가락을 대어 [desɯ̥]라고 발음했을 때, 모음 [ɯ]에서 성대가 떨리지 않아야 한다. 무성모음을 유성모음으로 발음하거나, 유성모음을 무성모음으로 발음하면 매우 어색하며 일본사람들로부터 마음속으로 놀림을 받을 염려가 있다. 「すし[s**ɯɕ**i], ひと[**ç**ito], ちから[t**ɕ**ikara], ふかい[ɸ**ɯ**kai]」의 강조체로 된 모음은 모두 무성모음이다(자세히는 4.4절을 참조할 것).

이상, 모음의 종류에 대해서 살펴보았는데, 그 외에도 있는 모음을 탈락시켜 버리거나 없는 모음을 삽입해서 발음하는 경우도 있다. 이에 대해서는 4.5절과 4.6절을 참조하길 바란다.

3.2 일본어 자음의 기본 지식

1.4.2절에서 이미 언급한 바와 같이 일본어 자음은 ①성대 떨림의 유무 ②조음점 ③조음법에 따라 분류된다. 이하에서는 세 가지 기준에 따라 자음이 구체적으로 어떻게 분류되는지를 보도록 한다.

3.2.1 성대 떨림의 유무에 의한 분류

발음을 했을 때, 성대가 진동하는 자음을 유성자음, 진동하지 않는 자음을 무성자음이라고 한다. 아래의 〈그림5〉는 날숨이 나올 때에 성문의 모양을 나타낸 것이다.[7]

〈그림5〉 날숨과 성문 모양

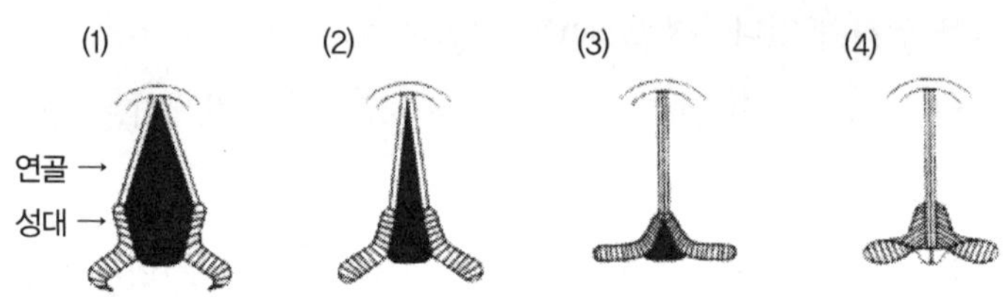

(1)의 그림은 평소 호흡을 할 때, 성문(중앙의 검은 부분)의 모양을 나타낸 것이다. (2)의 그림은 무성음을 발음할 때, (3)의 그림은 속삭일 때, (4)의 그림은 성문이 폐쇄되었거나 유성음을 발음할 때의 모양을 나타낸 것이다.

7) 이 그림은 다카미자와 하지메 감수(高見澤孟監修, 2004:74)에서 인용했다.

3.2.2.1 유성자음

유성자음은 발음을 할 때 성대의 떨림이 느껴지는 자음을 말한다. 일본어 유성자음을 표로 정리하면 다음과 같다.

〈표5〉 유성자음

ま,む,め,も의 자음 [m]	だ,で,ど의 자음 [d]
み,みゃ,みゅ,みょ의 자음 [mʲ]	ざ,ず,ぜ,ぞ의 자음(어두) [ʣ]
ば,ぶ,べ,ぼ의 자음 [b]	ざ,ず,ぜ,ぞ의 자음(어중) [z]
び,びゃ,びゅ,びょ의 자음 [bʲ]	じ,じゃ,じゅ,じょ의 자음(어두) [ʥ]
が,ぐ,げ,ご의 자음 [g]	じ,じゃ,じゅ,じょ의 자음(어중) [ʑ]
ぎ,ぎゃ,ぎゅ,ぎょ의 자음 [gʲ]	ら,る,れ,ろ의 자음 [ɾ]
な,ぬ,ね,の의 자음 [n]	り,りゃ,りゅ,りょ의 자음 [ɾʲ]
に,にゃ,にゅ,にょ의 자음 [ɲ]	ん의 자음(어말) [ɴ]

위의 자음들을 발음하면서 성대가 떨리는 것을 느껴보도록 하자.

3.2.2.2 무성자음

무성자음은 발음을 할 때, 성대의 떨림이 느껴지지 않는 자음을 말한다. 일본어 무성자음을 표로 정리하면 다음과 같다. 무성자음이 유성자음보다 적은 것을 알 수 있다.

〈표6〉 무성자음

か,く,け,こ의 자음 [k]	つ의 자음 [ʦ]
き,きゃ,きゅ,きょ의 자음 [kʲ]	は,へ,ほ의 자음 [h]
さ,す,せ,そ의 자음 [s]	ひ,ひゃ,ひゅ,ひょ의 자음 [ç]
し,しゃ,しゅ,しょ의 자음 [ɕ]	ふ의 자음 [ɸ]
た,て,と의 자음 [t]	ぱ,ぷ,ぺ,ぽ의 자음 [p]
ち,ちゃ,ちゅ,ちょ의 자음 [ʨ]	ぴ,ぴゃ,ぴゅ,ぴょ의 자음 [pʲ]

위의 자음들을 발음하면서 성대가 떨리지 않는 것을 느껴보자.

3.2.2 조음점에 의한 분류

조음점이란 언어음이 만들어지는 장소(부위)를 말한다. 1.4.2절에서 이미 언급한 바와 같이 조음점을 기준으로 자음을 분류하면 양순음, 치경음, 치경 · 경구개음, 경구개음, 연구개음, 성문음, 구개수음으로 나눌 수 있다.

3.2.2.1 양순음

양쪽 입술이 작용하여 만들어지는 언어음을 양순음(両唇音, bilabial)이라고 한다. 윗입술과 아랫입술을 의식하면서 아래의 자음들을 발음해 보자.

〈표7〉 양순음

ぱ,ぷ,ぺ,ぽ의 자음 [p]	ま,む,め,も의 자음 [m]
ぴ,ぴゃ,ぴゅ,ぴょ의 자음 [pʲ]	み,みゃ,みゅ,みょ의 자음 [mʲ]
ば,ぶ,べ,ぼ의 자음 [b]	ふ의 자음 [ɸ]
び,びゃ,びゅ,びょ의 자음 [bʲ]	

3.2.2.2 치경음

위의 치경 부분에 혀끝을 접촉하거나 접근시킴으로써 만들어지는 언어음을 치경음(歯茎音, alveolar)이라고 한다. 혀끝과 치경의 부위를 의식하며 아래의 자음들을 발음해 보자.

〈표8〉 치경음

さ, す, せ, その 자음 [s]	た, て, との 자음 [t]
ざ, ず, ぜ, ぞの 자음(어두) [ʣ]	だ, で, どの 자음 [d]
ざ, ず, ぜ, ぞの 자음(어중) [z]	な, ぬ, ね, のの 자음 [n]
つの 자음 [ʦ]	ら, る, れ, ろの 자음 [ɾ]

3.2.2.3 치경·경구개음

전설 면이 치경에서 경구개에 걸쳐 만들어지는 언어음을 치경경구개음(alveolar-palate)이라고 한다. 전설 면과 치경경구개의 부위를 의식하면서 아래의 자음을 발음해 보자.

〈표9〉 치경 · 경구개음

ち, ちゃ, ちゅ, ちょ의 자음 [ʨ]
に, にゃ, にゅ, にょ의 자음 [ɲ]
じ, じゃ, じゅ, じょ의 자음(어두) [ʥ]
じ, じゃ, じゅ, じょ의 자음(어중) [ʑ]
し, しゃ, しゅ, しょ의 자음 [ɕ]
き, きゃ, きゅ, きょ의 자음 [kʲ]
ぎ, ぎゃ, ぎゅ, ぎょ의 자음 [gʲ]

3.2.2.4 경구개음

중설 면이 경구개에 거의 근접해서 생긴 미세한 틈으로 날숨이 빠져나오면서 나는 언어음을 경구개음(硬口蓋音, palatal)이라고 한다. 예를 들면「ひ, ひゃ, ひゅ, ひょ」의 자음 [ç]과 반모음 [j]가 있다. 중설 면

과 경구개 부위를 의식하면서 위의 자음들을 발음해 보자.

3.2.2.5 연구개음

후설 면과 연구개가 맞닿았다가 떨어지면서 폐쇄되어 있던 날숨이 빠져 나오면서 나는 언어음을 연구개음(軟口蓋音, velar)이라고 한다. 후설 면과 연구개 부위를 의식하면서 아래의 자음들을 발음해 보자.

〈표10〉 연구개음

か, く, け, こ의 자음 [k]
が, ぐ, げ, ご의 자음 [g]

3.2.2.6 성문음

성문에서 만들어지는 언어음을 성문음(声門音, glottal)이라고 한다. 「は」, 「へ」, 「ほ」의 자음 [h]가 성문음이다. 성문을 의식하면서 「は」, 「へ」, 「ほ」를 발음해 보자.

3.2.2.7 구개수음

후설 면이 구개수(목젖)를 살짝 건드리면서 나는 언어음을 구개수음(口蓋垂音, uvular)이라고 한다. 어말에 오는 「ん」[ɴ]을 들 수 있다. 「いません」[imaseɴ]과 カン[kʰaɴ]을 발음하면서 강조체 부분에서 후설 면과 구개수 부위가 어떻게 상호작용하는지 의식해 보자.

3.2.3 조음법에 의한 분류

조음법이란 언어음을 만들어내는 방법을 말한다. 1.4.2절에서 이미 언급한 바와 같이 자음을 조음법의 기준으로 분류하면 파열음, 마찰음, 파찰음, 탄설음, 비음으로 나눌 수 있다.

3.2.3.1 파열음

후두나 구강 내의 특정한 부위에서 날숨을 차단한 뒤, 바로 한 번에 날숨을 터뜨리는 방법으로 만들어내는 언어음을 파열음(破裂音, plosives)이라고 한다. 날숨과 구강 내의 특정한 부위에서 날숨의 차단과 개방을 하나하나 의식하면서 아래의 자음들을 발음해 보자.

〈표11〉 파열음

か, く, け, こ의 자음 [k]	ぴ, ぴゃ, ぴゅ, ぴょ의 자음 [pʲ]
き, きゃ, きゅ, きょ의 자음 [kʲ]	ば, ぶ, べ, ぼ의 자음 [b]
が, ぐ, げ, ご의 자음 [g]	び, びゃ, びゅ, びょ의 자음 [bʲ]
ぎ, ぎゃ, ぎゅ, ぎょ의 자음 [gʲ]	た, て, と의 자음 [t]
ぱ, ぷ, ぺ, ぽ의 자음 [p]	だ, で, ど의 자음 [d]

3.2.3.2 마찰음

성문이나 구강 내의 어느 부위의 미세한 틈으로 날숨이 마찰하는 방식으로 만들어지는 언어음을 마찰음(摩擦音, fricative)이라고 한다. 날숨과 구강 내의 특정한 부위와의 마찰을 의식하면서 아래의 자음들을 발음해 보자.

〈표12〉 마찰음

さ,す,せ,そ의 자음 [s]	は,へ,ほ의 자음 [h]
し,しゃ,しゅ,しょ의 자음 [ɕ]	ひ,ひゃ,ひゅ,ひょ의 자음 [ç]
ざ,ず,ぜ,ぞ의 자음(어중) [z]	ふ의 자음 [ɸ]
じ,じゃ,じゅ,じょ의 자음(어중) [ʑ]	

3.2.3.3 파찰음

파열음과 마찰음이 하나의 자음으로 동시에 만들어지는 언어음을 파찰음(破擦音, affricates)이라고 한다. 파열과 마찰을 동시에 의식하면서 아래의 자음들을 발음해 보자.

〈표13〉 파찰음

つ의 자음 [ʦ]
ち,ちゃ,ちゅ,ちょ의 자음 [ʨ]
ざ,ず,ぜ,ぞ의 자음(어두) [ʣ]
じ,じゃ,じゅ,じょ의 자음(어두) [ʥ]

3.2.3.4 탄설음

혀끝으로 위의 치경을 가볍게 1회 튕겨서 만들어내는 언어음을 탄설음(弾き音, flap)이라고 한다. 예를 들어「ら,る,れ,ろ」의 자음 [ɾ]과「り,りゃ,りゅ,りょ」의 자음 [ɾʲ]을 들 수 있다. 혀와 치경과의 상호작용을 의식하면서 이들 자음들을 발음해 보자.

3.2.3.5 비음

날숨이 비강을 빠져 나오면서 나는 언어음을 비음(鼻音, nasals)이라고 한다. 날숨과 비강과의 상호작용을 의식하면서 아래의 자음들을 발음해 보자. 아래 〈표14〉의 어중의「が」,「ぐ」,「げ」,「ご」가 비음화한 것과 어중의「ぎ」,「ぎゃ」,「ぎゅ」,「ぎょ」가 비음화한 것에 대해서는 5.1.11절과 5.1.12절을 참조할 것.

〈표14〉 비음

ま,む,め,も의 자음 [m]	ん의 자음(어말) [ɴ]
み,みゃ,みゅ,みょ의 자음 [mʲ]	어중의 が,ぐ,げ,ご가 비음화한 것
な,ぬ,ね,の의 자음 [n]	어중의 ぎ,ぎゃ,ぎゅ,ぎょ가 비음화한 것
に,にゃ,にゅ,にょ의 자음 [ɲ]	

3.3 반모음

모음과 자음의 중간적인 성질을 지니는 것을 반모음(半母音, semi vowel)이라고 한다.「や」,「ゆ」,「よ」의 자음 [j]와「わ」의 자음 [w]가 있다.

3.4 요약

먼저 모음이다. 일본어에는 [a], [i], [ɯ], [e], [o]로 발음되는 다섯 개의 모음이 있다. 이들 모음은 ①입술모양이 둥그냐 둥글지 않느냐, ②혀의 어느 부위(전설-중설-후설)가 구강 천장을 향하느냐, ③구강 내에서 혀의 위치가 높으냐 혹은 낮으냐에 따라 분류된다. 하나의 모음을 단모음이라고 하며, 단모음 2개가 연속해서 나타나는 단음들을 연모음이라고 한다. 동일한 음성적 성질을 지니는 단모음이 2개 연속하면 장모음이 된다. 기본적으로 모음은 유성모음이지만 무성모음으로 발음되는 것을 무성모음이라고 한다.

자음은 유성자음과 무성자음으로 분류된다. 또한 자음은 조음점과 조음법을 기준으로 분류된다. 조음점을 기준으로 자음은 양순음, 치경음, 치경 · 경구개음, 경구개음, 연구개음, 성문음, 구개수음으로 분류된다. 조음법을 기준으로 자음은 파열음, 마찰음, 파찰음, 탄설음, 비음으로 분류된다. 모음과 자음의 중간적인 성질을 지니는 것을 반모음이라고 한다.

제4장 일본어 모음 발음의 실제

〈제4장의 키워드〉

4.1 단모음 발음의 실제－/i/ /e/ /a/ /o/ /u/

4.1.1 /i/ → [i]

4.1.2 /e/ → [e]

4.1.3 /a/ → [a]

4.1.4 /o/ → [o]

4.1.5 /u/ → [ɯ]

4.2 연모음 발음의 실제

4.3 장모음 발음의 실제－/R/

4.3.1 /R/ → [iː]

4.3.2 /R/ → [eː]

4.3.3 /R/ → [aː]

4.3.4 /R/ → [oː]

4.3.5 /R/ → [ɯː]

4.4 무성모음 발음의 실제

4.4.1 [i] → [i̥]

4.4.2 [e] → [e̥]

4.4.3 [a] → [ḁ]

4.4.4 [o] → [o̥]

4.4.5 [ɯ] → [ɯ̥]

4.4.6 어말·문말의 협모음 [i]/[ɯ]

4.5 모음이 탈락된 발음의 실제

4.6 모음이 삽입된 발음의 실제

〈제4장의 키워드〉

비원순 · 전설 · 고모음(非円唇 · 前舌 · 高母音, ひえんしん · ぜんぜつ · こうぼいん), 비원순 · 전설 · 중모음(非円唇 · 前舌 · 中母音, ひえんしん · ぜんぜつ · ちゅうぼいん), 비원순 · 저모음(非円唇 · 低母音, ひえんしん · ひくぼいん), 원순 · 후설 · 중모음(円唇 · 後舌 · 中母音, えんしん · こうぜつ · ちゅうぼいん), 비원순 · 후설 · 고모음(非円唇 · 後舌 · 高母音, ひえんしん · こうぜつ · こうぼいん), 연모음(連母音, れんぼいん), 장모음(長母音, ちょうぼいん), 무성모음(無声母音, むせいぼいん)

제4장에서는 단모음(4.1절), 연모음(4.2절), 장모음(4.3절), 무성모음(4.4절), 모음의 탈락(4.5절), 모음의 삽입(4.6절)에 관련하여 구체적 예를 들어가며 설명을 할 것이다. 그리고 청취자료(mp4)를 들어가며 발음 연습도 병행하고자 한다.

4.1 단모음 발음의 실제-/i//e//a//o//u/

이하의 절에서는 구체적으로 예를 들어가며「い」/ i / [i],「え」/e/[e],「あ」/a/[a],「お」/o/[o],「う」/u/[ɯ]의 발음을 연습하고자 한다.

4.1.1 /i/ → [i]

㉮ 비원순 · 전설 · 고모음(非円唇 · 前舌 · 高母音, ひえんしん · ぜんぜつ · こうぼいん): 입술이 둥글지 않게 전설 면에 약간의 힘을 넣어 짧게 발음한다. 혀의 위치가 높아지므로 결과적으로 구강 내가 좁아진다. 그래서 협모음(狭母音, きょうぼいん/せまぼいん)이라고도 한다.

㉯「い, き, ぎ, し, じ, ぢ, に, ひ, び, ぴ, み」의 모음이다.

㉰ ㉮에 유의하며 비원순 · 전설 · 고모음 [i]가 들어가는 단어를 발음해 보자.

☞ **sound 1** 아래의 모음 [i]가 들어간 단어들을 발음해 보자.

No	모음 [i]가 들어간 단어	No	모음 [i]가 들어간 단어
1	いもうと[imo:to] 妹/여동생	6	しばらく[ɕibaɾakɯ] 부사 잠시
2	すいか[sɯika] 西瓜/수박	7	ピノキオ[pʰinokʲio] 피노키오
3	じきゅう[dʑikʲɯ:] 時給/시급	8	びじん[bʲiziɴ] 美人/미인
4	いえ[ie] 家/집	9	あい[ai] 愛/사랑
5	ビル[bʲiɾɯ] building/빌딩	10	いま[ima] 今/지금

4.1.2 /e/ → [e]

㉮ 비원순 · 전설 · 중모음(非円唇 · 前舌 · 中母音, ひえんしん · ぜんぜつ · ちゅうぼいん): 입술이 둥글지 않게 전설 면에 힘을 약간 넣어 짧게 발음한다. 혀의 위치가 [i]만큼 높지도 않고 [a]만큼 낮지도 않기 때문에 중모음이라고 하는 것이다.

㉯「え,け,げ,せ,ぜ,て,で,ね,へ,べ,ぺ,め,れ」의 모음이다.

㉰ [애]와 [에]의 중간 발음이다. 굳이 말하자면 [에]에 가깝다. 일본어에서는 [애]와 [에]를 구별하지 않는다.

㉱ [i]와 [e]를 번갈아가며 발음하면서 [e] 쪽의 입 모양과 혀의 위치를 확인해 보자.

㉲ ㉮~㉱에 유의하며 비원순 · 전설 · 중모음 [e]가 들어간 단어들을 발음해 보자.

☞ **sound 2** 아래의 모음 [e]가 들어간 단어들을 발음해 보자.

No	모음 [e]가 들어간 단어	No	모음 [e]가 들어간 단어
1	いえ[ie] 家/ 집	6	けらい[kʰeɾai] 家来/〈부하〉의 고어
2	うえの[ɯeno] 上野/우에노 (도쿄의 한 지명)	7	けもの[kʰemono] 獣/짐승
3	えど[edo] 江戸/에도 (도쿄의 옛지명)	8	へんか[heŋka] 変化/변화
4	めがね[megane] 眼鏡/안경	9	げんしょう[geɕ̃ɕo:] 現象/현상
5	ねこ[neko] 猫/고양이	10	はれつおん[haɾetsɯoɴ] 破裂音/파열음

4.1.3 /a/ → [a]

㉮ 비원순 · 저모음(非円唇 · 低母音, ひえんしん · ひくぼいん): 입술이 둥글지 않으며 혀가 거의 구강 바닥에 눕기 때문에 저모음이라고 한다. 따라서 구강 내가 매우 넓어진다. 그래서 광모음(広母音, ひろぼいん)이라고도 한다.

㉯「あ, か, が, さ, ざ, た, だ, な, は, ば, ぱ, ま, や, ら」의 모음이다.

㉰ [i] → [e] → [a]를 발음하면서 혀의 위치와 입 모양을 비교해 보자.

㉱ ㉮~㉰에 유의하며 비원순 · 저모음 [a]가 들어간 단어들을 발음해 보자.

☞ **sound 3** 아래의 모음 [a]가 들어간 단어들을 발음해 보자.

No	모음 [a]가 들어간 단어	No	모음 [a]가 들어간 단어
1	かんばん[kʰambaɴ] 看板/간판	6	あめ[ame] 雨/비
2	たんご[tʰaŋgo] 単語/단어	7	うまい[ɯmai] 맛있다, 능숙하다
3	ははおや[hahaoja] 母親/어머니(지칭)	8	おばさん[obasaɴ] 叔母さん/아주머니
4	あさひ[asaçi] 朝日/아침 해	9	かば [kʰaba] 河馬/하마
5	あかさか[akasaka] 赤坂/아카사카(도쿄의 한 지명)	10	なまビール[namabʲiːɾɯ] 生ビール/생맥주

4.1.4 /o/ → [o]

㉮ 원순 · 후설 · 중모음(円唇 · 後舌 · 中母音, えんしん · こうぜつ · ちゅうぼいん): 입술을 가급적 동그랗게 오므리며 후설을 연구개 쪽으로 향하도록 하면서 짧게 발음한다(자연스럽게 그렇게 되는데, 후설의 작용을 의식하도록 하자). 혀의 높이는 [i]보다는 낮고 [a]보다는 높기 때문에 중모음이라고 한다.

㉯ 한국어의 「오」만큼 입술이 둥근 것은 아니다.

㉰ 「お, こ, ご, そ, ぞ, と, ど, の, ほ, ぼ, ぽ, も, よ, ろ」의 모음이다.

㉱ [i] → [e] → [a] → [o]를 번갈아가며 발음하며 입모양과 혀의 위치 변화를 확인하자.

㉲ ㉮~㉱에 유의하며 원순 · 후설 · 중모음 [o]가 들어간 단어들을 발음해 보자.

☞ **sound 4** 아래의 모음 [o]가 들어간 단어들을 발음해 보자.

No	모음 [o]가 들어간 단어	No	모음 [o]가 들어간 단어
1	あおいそら[aoisora] 青い空/파란 하늘	6	ことば [kʰotoba] 言葉/말
2	おそい [osoi] 遅い/늦다	7	きょうと [kʲo:to] 京都/교토(지명)
3	かど [kʰado] 角/모퉁이	8	プロミネンス [pʰɯɾomʲineṽsɯ] 프로미넨스
4	ぼいん [boiɴ] 母音/모음	9	おくのほそみち [okɯnohosomʲitɕi] 奥の細道/지명, 문학 제목
5	おと [oto] 音/소리	10	おふろ [oɸɯɾo] お風呂/목욕

4.1.5 /u/ → [ɯ]

㉮ 비원순 · 후설 · 고모음(非円唇 · 後舌 · 高母音, ひえんしん · こうぜつ · こうぼいん): 입술이 둥글어지지 않도록 발음한다. 후설 부분이 연구개 쪽으로 붙는지를 의식하면서 짧게 발음해 보자. 혀의 위치가 높으므로 고모음이라 하며, 혀의 위치가 높기 때문에 구강 내의 공간이 좁아진다. 그래서 협모음(狭母音, きょうぼいん)이라고도 한다.

㉯「う, く, ぐ, す, ず, つ, づ, ぬ, ふ, ぶ, ぷ, ゆ, る」의 모음이다.

㉰ 한국어의「우」와「으」의 중간 발음이다. 입모양을「으」로 하여 실제로는「우」로 짧게 발음한다.

㉱ [i] → [e] → [a] → [o] → [ɯ]를 번갈아가며 발음하며 입 모양과 혀의 위치 변화를 확인하자.

㉲ ㉮~㉱에 유의하며 비원순 · 후설 · 고모음 [ɯ]가 들어간 단어들을 발음해 보자.

☞ **sound 5** 아래의 모음이 들어간 단어들을 발음해 보자.

No	모음 [ɯ]가 들어간 단어	No	모음 [ɯ]가 들어간 단어
1	ガラス[garasɯ] glass/유리	6	うえ [ɯe] 上/위
2	はう[haɯ] 這う/기다	7	うしろ[ɯɕiro] 後ろ/뒤
3	うるさい[ɯrɯsai] 煩い/시끄럽다	8	フランス[ɸɯrãsɯ] France/프랑스
4	うそつき[ɯsotsɯkʲi] 嘘つき/거짓말쟁이	9	かぐ[kʰagɯ] 家具/가구
5	うめ[ɯme] 梅/매실, 매화	10	てんぷら[tʰempɯra] 天ぷら/튀김

4.2 연모음 발음의 실제

㉮ 연모음(連母音, れんぼいん): 하나의 단어 안에 모음이 두 개 이어진다. 예를 들어 「あおい[aoi]」, 「いえ[ie]」, 「まいかい[maikai]」의 밑줄 친 부분에서 보듯 두 개의 모음이 나열된 것을 연모음이라고 한다. 「おおきい[ookʲii]」와 같이 동일한 모음이 두 개 이어지는 것도 연모음이라 할 수 있다. 그러나 본서에서는 이를 장모음이라 하여 연모음과 구별한다(4.3절 참조).

㉯ 모음 하나하나를 한 박으로 해서 또박또박 발음해 보자.

㉰ 한국인 일본어 학습자들은 연모음 발음을 전혀 어려워하지 않는 반면에, 중국인 일본어 학습자들은 연모음의 발음을 꽤 어려워한다.

㉱ ㉮~㉰에 유의하며 연모음이 들어간 단어들을 발음해 보자.

☞ **sound 6** 아래의 연모음이 들어간 단어들을 발음해 보자.

No	연모음이 들어간 단어	No	연모음이 들어간 단어
1	うえ[ɯe] 上/위	6	はえ[hae] 蠅/파리
2	かゆい[kʰajɯi] 痒い/가렵다	7	いう[iɯ] 言う/말하다
3	バイト[baito] 아르바이트	8	かえる[kʰaeɾɯ] 蛙/개구리
4	かおり[kʰaoɾʲi] 香り/향기	9	なまえ[namae] 名前/이름
5	こい[kʰoi] 鯉/잉어	10	おか[oka] 岡/언덕

4.3 장모음 발음의 실제-/R/

이 절에서는 장모음(長母音, ちょうぼいん/ 이하, /R/로 표시)이 구체적으로 실현된 언어음 [i:], [e:], [a:], [o:], [ɯ:]에 대해서 살펴보기로 한다.

4.3.1 /R/ → [i:]

㉮ [i:]를 [i]의 두 글자 길이(2박 길이)만큼 발음한다. 즉「이이」가 아니라「이ー」로 발음한다.

㉯ 한국인 일본어 학습자에게는 장모음의 발음이 어려운 편이다. 날숨을 아끼지 않으면 장음 발음이 어렵다. 예를 들어「スキー[sɯkʲi:]」를 발음할 때 날숨을 조금만 쓰면서 [s]를 발음하기 시작한 뒤, 덜 쓴 날숨을 [kʲi:]에서 쏟아내며 끝까지 쭉 밀어준다. 날숨을 아끼지 않아 장음 발음에 실패하는 학습자들을 꽤 많이 볼 수 있다.

㉰ ㉮~㉯에 유의하며 장모음 [i:]가 들어간 단어들을 발음해 보자.

☞ **sound 7** 아래의 장모음 [i:]가 들어간 단어들을 발음해 보자.

No	장모음 [i:]가 들어간 단어	No	장모음 [i:]가 들어간 단어
1	おじいさん[oʑi:saɴ] お爺さん/할아버지	6	ビール[bʲi:ɾɯ] beer/맥주
2	ニーズ[ɲi:zɯ] needs/욕구, 목적	7	スキー[sɯkʲi:] ski/스키
3	いいえ[i:e] 아니오	8	おにいさん[oɲi:saɴ] お兄さん/형님, 오빠
4	チーズ[tɕi:zɯ] cheese/치즈	9	リーダー[ɾʲi:da:] leader/리더, 지도자
5	きいて[kʲi:te] 聞いて/듣고, 들어 줘	10	ピーク[pʲi:kɯ] peak/꼭대기, 정점

☞ **sound 8** 모음 [i]와 장모음 [iː]가 들어간 단어들을 비교하며 발음해 보자.

No	모음 [i]가 들어간 단어	장모음 [iː]가 들어간 단어
1	おじさん[ozisaɴ] 삼촌/아저씨	おじいさん[oziːsaɴ] お爺さん/할아버지
2	すき[sɯkʲi] 好き/좋아함	スキー[sɯkʲiː] ski/스키
3	いえ[ie] 家/집	いいえ[iːe] 아니오
4	ちず[tɕizɯ] 地図/지도	チーズ[tɕiːzɯ] cheese/치즈
5	きて[kʲite] 来て/오고, 와 줘	きいて[kʲiːte] 聞いて/듣고, 들어 줘

4.3.2 /R/ → [eː]

㉮ [eː]를 [e]의 두 글자 길이(2박 길이)만큼 발음한다. 즉「에에」가 아니라「에ー」로 발음한다.

㉯ 한국인 일본어 학습자에게는 장모음의 발음이 어려운 편이다. 날숨을 아끼지 않으면 장음 발음이 어렵다. 예를 들어「コーディネーター」[kʰodineːtaː]를 발음할 때, 날숨을 조금만 쓰면서 [kʰo]를 발음한 뒤 아껴둔 날숨을 [neːtaː]에서 쏟아 내며 끝까지 쭉 밀어준다. 날숨을 아끼지 않아서 [kʰodineta]로 발음하는 학습자들을 꽤 많이 볼 수 있다.

㉰ ㉮~㉯에 유의하며 장모음 [eː]가 들어간 단어들을 발음해 보자.

☞ **sound 9** 아래의 장모음 [e:]가 들어간 단어들을 발음해 보자.

No	장모음 [e:]가 들어간 단어	No	장모음 [e:]가 들어간 단어
1	えいが[e:ga] 映画/영화	6	ぜいせい[dze:se:] 税制/세재
2	めいが[me:ga] 名画/명화	7	とけい[tʰoke:] 時計/시계
3	かいてい[kʰaite:] 改定/개정	8	がくせい[gakɯse:] 学生/학생
4	せいき[se:kʲi] 世紀/세기	9	どうせい[do:se:] 同性/동성
5	ていねい[tʰe:ne:] 丁寧/정중	10	かめい[kʰame:] 加盟/가맹

☞ **sound 10** 모음 [e]와 장모음 [e:]가 들어간 단어들을 비교하며 발음해 보자.

No	모음 [e]가 들어간 단어	장모음 [e:]가 들어간 단어
1	かいて [kʰaite] 書いて/쓰고, 써줘요	かいてい [kʰaite:] 改定/개정
2	せき [sekʲi] 席/자리, 좌석	せいき [se:kʲi] 世紀/세기
3	へや [heja] 部屋/방	へいや [he:ja] 平野/평야
4	ぜせい [dzese:] 是正/시정	ぜいせい [dze:se:] 税制/세금제도
5	どうせ [do:se] 부사 어차피	どうせい [do:se:] 同性/동성

4.3.3 /R/ → [a:]

㉮ [a:]를 [a]의 두 글자 길이(2박 길이)만큼 발음한다. 즉「아아」가 아니라「아ー」로 발음한다.

㉯ 한국인 일본어 학습자에게는 장모음의 발음이 어려운 편이다. 날숨을 아끼지 않으면 장음 발음이 어렵다. 예를 들어「エレベーター」[eɾebe:ta:]를 발음할 때 날숨을 조금만 쓰면서 [e] 부분에서 날숨을 아낀다는 느낌으로 발음하기 시작한 직후, 덜 쓴 날

숨을 [ta:]까지 민다는 느낌으로 발음을 한다. 날숨을 아끼지 않아서 [erebe:ta:]를 [erebeta]라고 발음하는 학습자들을 꽤 많이 볼 수 있다.

㉰ ㉮~㉯에 유의하며 장모음 [a:]가 들어간 단어들을 발음해 보자.

☞ **sound 11** 아래의 장모음 [a:]가 들어간 단어들을 발음해 보자.

No	장모음 [a:]가 들어간 단어	No	장모음 [a:]가 들어간 단어
1	おばあさん[oba:saɴ] お婆さん/할머니	6	ヤード[ja:do] yard/야드(길이 단위)
2	ダース[da:sɯ] dozen/연필 세트를 세는 단위	7	おかあさん[oka:saɴ] お母さん/어머니
3	カード[kʰa:do] card/카드	8	デパート[depa:to] department/백화점
4	ハート[ha:to] heart/마음 ♥	9	マーチ[ma:tɕi] march/행진
5	マーク[ma:kɯ] mark/마크, 상표	10	アパート[apa:to] apartment/아파트

☞ **sound 12** 모음 [a]와 장모음 [a:]가 들어간 단어들을 비교하며 발음해 보자.

No	모음 [a]가 들어간 단어	장모음 [a:]가 들어간 단어
1	やど[jado] 宿/여인숙	ヤード[ja:do] yard/야드(길이 단위)
2	だす[dasɯ] 出す/제출하다, 내다	ダース[da:sɯ] dozen/연필 세트를 세는 단위
3	まち[matɕi] 町/마을, 동네	マーチ[ma:tɕi] march/행진
4	はと[hato] 鳩/비둘기	ハート[ha:to] heart/마음 ♥
5	かど[kʰado] 角/모퉁이	カード[kʰa:do] card/카드

4.3.4 /R/ → [o:]

㉮ [o:]를 [o]의 두 글자 길이(2박 길이)만큼 발음한다. 즉「오오」가 아니라「오一」로 발음한다.

㉯ 한국인 일본어 학습자에게는 장모음의 발음이 어려운 편이다. 날숨을 아끼지 않으면 장모음을 발음하기가 어렵다. 예를 들어「せいこう[se:ko:]」를 발음할 때 [se] 부분에서 날숨을 아낀다는 느낌으로 살짝 발음하기 시작한 직후, 덜 쓴 날숨을 [ko:]까지 쭉 민다는 느낌으로 발음을 한다. 날숨을 아끼지 않아서 [se:ko:]를 [se:ko]라고 발음하는 학습자들을 꽤 많이 볼 수 있다.

㉰ ㉮~㉯에 유의하며 장모음 [o:]가 들어간 단어들을 발음해 보자.

☞ **sound 13** 아래의 장모음 [o:]가 들어간 단어들을 발음해 보자.

No	장모음 [o:]가 들어간 단어	No	장모음 [o:]가 들어간 단어
1	コート [kʰo:to] coat/코트	6	ようい[jo:i] 用意/준비
2	おとうさん[oto:saɴ] お父さん/아버지	7	かどう[kʰado:] 華道/꽃꽂이
3	とおる[tʰo:ɾɯ] 通る/지나다	8	くろう[kʰɯɾo:] 苦労/고생, 수고
4	のうさんぶつ[no:sambɯtsɯ] 農産物/농산물	9	おおかみ[o:kamʲi] 狼/늑대
5	ホール[ho:ɾɯ] hall/홀, 대청, 회관	10	ごうけい[go:ke:] 合計/합계

☞ **sound 14** 모음 [o]와 장모음 [o:]가 들어간 단어들을 비교하며 발음해 보자.

No	모음 [o]가 들어간 단어	장모음 [o:]가 들어간 단어
1	とる[tʰoɾɯ] 撮る/사진을) 찍다	とおる[tʰo:ɾɯ] 通る/지나다
2	ほる[hoɾɯ] 掘る/땅을) 파다	ホール[ho:ɾɯ] hall/홀, 대청, 회관
3	おかみ[okamʲi] お上/요리점의) 여주인	おおかみ[o:kamʲi] 狼/늑대
4	かど[kʰado] 角/모퉁이	かどう[kʰado:] 華道/꽃꽂이
5	よい[joi] 良い/좋다	ようい[jo:i] 用意/준비

4.3.5 /R/ → [ɯ:]

㉮ [ɯ:]를 [ɯ]의 두 글자 길이(2박 길이)만큼 발음한다. 즉「우우」가 아니라「우ㅡ」로 발음한다.

㉯ 한국인 일본어 학습자에게는 장모음의 발음이 어려운 편이다. 날숨을 아끼지 않으면 장음 발음이 어렵다. 예를 들어「りゅうぐう(竜宮, 용궁)」[ɾʲɯ:gɯ:]를 발음할 때 날숨을 조금만 쓰면서 [ɾʲɯ:]를 발음한다. 그다음에 [gɯ:]에서 아껴둔 날숨을 쓰면서 끝까지 밀어낸다는 느낌으로 발음을 한다. 날숨을 아끼지 않아서 [ɾʲɯ:gɯ:]를 [ɾʲɯ:gɯ]라고 발음하는 학습자들이 꽤 많이 있다.

㉰ ㉮~㉯에 유의하며 장모음 [ɯ:]가 들어간 단어들을 발음해 보자.

☞ **sound 15** 아래의 장모음 [ɯː]가 들어간 단어들을 발음해 보자.

No	장모음 [ɯː]가 들어간 단어	No	장모음 [ɯː]가 들어간 단어
1	ゆうき[jɯːkʲi] 勇気/용기	6	ふうりん[ɸɯːɾʲiɴ] 風鈴/풍령
2	すうがく[sɯːgakɯ] 数学/수학	7	つうち[tsɯːtɕi] 通知/통지
3	ウール[ɯːɾɯ] wool/양모, 모직물	8	ゆうそう[jɯːsoː] 郵送/우송
4	くうき[kʰɯːkʲi] 空気/공기	9	すうし[sɯːɕi] 数詞/수사
5	くつう[kʰɯtsɯː] 苦痛/고통	10	くうそう[kʰɯːsoː] 空想/공상

☞ **sound 16** 모음 [ɯ]와 장모음 [ɯː]가 들어간 단어들을 비교하며 발음해 보자.

No	모음 [ɯ]가 들어간 단어	장모음 [ɯː]가 들어간 단어
1	うる[ɯɾɯ] 売る/팔다	ウール[ɯːɾɯ] wool/양모, 모직물
2	つち[tsɯtɕi] 土/흙, 땅	つうち[tsɯːtɕi] 通知/통지
3	くき[kʰɯkʲi] 茎/줄기	くうき[kʰɯːkʲi] 空気/공기
4	くつ[kʰɯtsɯ] 靴/구두	くつう[kʰɯtsɯː] 苦痛/고통
5	ゆき[jɯkʲi] 雪/눈	ゆうき[jɯːkʲi] 勇気/용기

4.4 무성 모음 발음의 실제

4.4.1 [i] → [i̥]

㉮ 무성모음 [i̥]는 유성모음 [i]가 무성화한 모음이다. 성대가 떨리지 않게 짧게 발음한다.

㉯ 무성모음 [i̥]와 유성모음 [i]를 성대의 떨림 유무를 의식하며 발음해 보자. 아래의 표를 참조.

㉰ ㉮~㉯에 유의하며 무성모음이 들어간 단어들을 발음해 보자.

☞ **sound 17** 아래의 무성모음 [i̥]가 들어간 단어들을 발음해 보자.

No	무성모음 [i̥]가 들어간 단어	No	무성모음 [i̥]가 들어간 단어
1	きくちさん[kʲi̥kɯtɕisaɴ] 菊池さん/기쿠치상(성씨 중의 하나)	6	チクチク[tɕi̥kɯtɕi̥kɯ] 따끔따끔
2	きせつふう[kʲi̥setsɯɸɯː] 季節風/계절풍	7	きふ[kʲi̥ɸɯ] 寄付/기부
3	かぶしきがいしゃ[kʰabɯɕi̥kʲigaiɕa] 株式会社/주식회사	8	ひふ[çi̥ɸɯ] 皮膚/피부
4	きしゅくしゃ[kʲi̥ɕɯkɯɕa] 寄宿舎/기숙사	9	ちから[tɕi̥kaɾa] 力/힘
5	ききかた[kʲi̥kʲi̥kata] 聴き方/듣는 법	10	ひかり[çi̥kaɾʲi] 光/빛

☞ **sound 18** 무성모음 [i̥]와 유성모음 [i]가 들어간 단어들을 발음해 보자.

No	무성모음 [i̥]	유성모음 [i]
1	きせつ[kʲi̥setsɯ] 季節/계절	きれつ[kʲiɾetsɯ] 亀裂/균열
2	きふ[kʲi̥ɸɯ] 寄付/기부	キムチ[kʲimɯtɕi] 김치
3	ひふ[çi̥ɸɯ] 皮膚/피부	ひらく[çiɾakɯ] 開く/열다, 열리다(양용동사)

4.4.2 [e] → [e̥]

㉮ 무성모음 [e̥]는 유성모음 [e]가 무성화한 모음이다. 성대가 떨리지 않게 짧게 발음한다.

㉯ 무성모음 [e̥]와 유성모음 [e]를 성대의 떨림 유무를 각각 의식하며 발음해 보자. 아래의 표를 참조.

㉰ ㉮~㉯에 유의하며 무성모음 [e̥]가 들어간 단어를 발음해 보자.

☞ **sound 19** 아래의 무성모음 [e̥]가 들어간 단어들을 발음해 보자.

No	무성모음 [e̥]가 들어간 단어	No	무성모음 [e̥]가 들어간 단어
1	ふてきとう[ɸɯte̥kʲito:] 不適当/부적당	6	せっかく[se̥kkakɯ] 부사 모처럼
2	してつ[ɕite̥tsɯ] 私鉄/민영철도	7	せかい[se̥kai] 世界/세계
3	テスト[tʰe̥sɯto] test/시험	8	せつない[se̥tsɯnai] 切ない/안타깝다
4	きそくてき[kʲisokɯte̥kʲi] 規則的/ 규칙적	9	けってい[kʰe̥tte:] 決定/결정
5	かけつける[kʰake̥tsɯkerɯ] 駆けつける/달려가다	10	てつがく[tʰe̥tsɯgakɯ] 哲学/철학

☞ **sound 20** 무성모음 [e̥]와 유성모음 [e]가 들어간 단어들을 발음해 보자.

No	무성모음 [e̥]	유성모음 [e]
1	ふけつ [ɸɯke̥tsɯ] 不潔/불결	ふめつ [ɸɯmetsɯ] 不滅/불멸
2	してつ [ɕite̥tsɯ] 私鉄/민영철도	しめつ [ɕimetsɯ] 死滅/사멸
3	せかい [se̥kai] 世界/세계	せまい [semai] 狭い/좁다

4.4.3 [a] → [ḁ]

㉮ 무성모음 [ḁ]는 유성모음 [a]가 무성화한 모음이다. 성대가 떨리지 않게 짧게 발음한다.

㉯ 무성모음 [ḁ]와 유성모음 [a]를 성대의 떨림 유무를 각각 의식하며 발음해 보자. 아래의 〈표〉를 참조.

㉰ ㉮~㉯에 유의하며 무성모음이 들어간 단어들을 발음해 보자.

☞ **sound 21** 아래의 무성모음 [ḁ]가 들어간 단어들을 발음해 보자.

No	무성모음 [ḁ]가 들어간 단어	No	무성모음 [ḁ]가 들어간 단어
1	チカチカする[tɕikḁtɕikḁsɯɾɯ] 눈이 강한 빛을 받아서 따끔따끔함	6	さくせん[sḁkɯseɴ] 作戦/작전
2	かけつける[kʰḁketsɯkeɾɯ] 駆けつける / 달려가다	7	かかる[kʰḁkaɾɯ] 걸리다
3	ピカピカ[pʲikḁpʲikḁ] 반짝반짝	8	はかまいり[hḁkamaiɾʲi] 墓参り/성묘
4	クシャクシャ[kʰɯɕḁkɯɕḁ] 꾸깃꾸깃	9	かたな[kʰḁtana] 刀/칼
5	さかな[sḁkana] 魚/물고기	10	はつこい[hḁtsɯkoi] 初恋/첫사랑

☞ **sound 22** 무성모음 [ḁ]와 유성모음 [a]가 들어간 단어들을 발음해 보자.

No	무성모음 [ḁ]	유성모음[a]
1	たかい [tʰḁkai] 高い/불결	だるい[daɾɯi] 怠い/나른하다
2	かかり [kʰḁkaɾʲi] 係/(관청 · 회사 등의) 계	かなり[kʰanaɾʲi] 부사 상당히
3	はか [hḁka] 墓/묘(무덤)	はば[haba] 幅/폭

4.4.4 [o] → [o̥]

㉮ 무성모음 [o̥]는 유성모음 [o]가 무성화한 모음이다. 성대가 떨리지 않게 짧게 발음한다.

㉯ 무성모음 [o̥]와 유성모음 [o]를 성대의 떨림 유무를 각각 의식하며 발음해 보자. 아래의 〈표〉를 참조.

㉰ ㉮~㉯에 유의하며 무성모음 [o̥]가 들어간 단어를 발음해 보자.

☞ **sound 23** 아래의 무성모음 [o̥]가 들어간 단어들을 발음해 보자.

No	무성모음 [o̥]가 들어간 단어	No	무성모음 [o̥]가 들어간 단어
1	きそくてきちしき[kʲiso̥kɯtekʲitɕiɕikʲi] 規則的知識/기초적 지식	5	こころ[kʰo̥koɾo] 心/마음
2	こくてつ[kʰo̥kɯtetsɯ] 国鉄/국영철도	6	おこす[oko̥sɯ] 起こす/일으키다
3	ふくしきこきゅう[ɸɯkɯɕikʲiko̥kʲɯː] 腹式呼吸/복식호흡	7	こくばん[kʰo̥kɯbaɴ] 黒板/흑판
4	ほこり[ho̥koɾʲi] 誇り/긍지	8	そっくり[so̥kkɯɾʲi] 부사 꼭 닮음

☞ **sound 24** 무성모음 [o̥]와 유성모음 [o]가 들어간 단어들을 발음해 보자.

No	무성모음 [o̥]	유성모음 [o]
1	きそく [kʲiso̥kɯ] 規則/규칙	きろく [kʲiɾokɯ] 記録/기록
2	そこそこ[so̥ko̥so̥ko̥] 될까말까함	そもそも[somosomo] 원래, 본래
3	そつぎょうしき[so̥tsɯgʲoːɕikʲi] 卒業式/졸업식	もちつき[motɕitsɯkʲi] 餅つき/떡찧기

4.4.5 [ɯ] → [ɯ̥]

㉮ 무성모음 [ɯ̥]는 유성모음 [ɯ]가 무성화한 모음이다. 성대가 떨리지 않게 짧게 발음한다.

㉯ 무성모음 [ɯ̥]와 유성모음 [ɯ]를 성대의 떨림 유무를 각각 의식하며 발음해 보자. 아래의 〈표〉를 참조.

㉰ 개인적인 체험이지만 본 저자가 유학생으로 있던 학교에서 한인체육대회가 열렸다. 거기엔 다수의 일본인들도 와 있었는데, 유학생 신분의 한국인 사회자가 마이크로 「ください」를 [kʰɯdasai]로 발음하지 않고 [kʰɯ̥dasai]라고 수차례 발음했다. 응원석에 앉아 있던 일본인들이 무성모음화된 [kʰɯ̥dasai] 발음을 흉내 내며 웃던 것이 기억난다. 유성모음을 무성모음으로, 반대로 무성모음을 유성모음으로 발음하면 일본인들에게는 기이하게 들리는 듯하다.

㉱ ㉮~㉯에 유의하며 무성모음 [ɯ̥]가 들어간 단어를 발음해 보자.

☞ **sound 25** 아래의 무성모음 [ɯ̥]가 들어간 단어들을 발음해 보자.

No	무성모음 [ɯ̥]가 들어간 단어	No	무성모음 [ɯ̥]가 들어간 단어
1	つき[tsɯ̥kʲi] 月/달	6	くさ[kʰɯ̥sa] 草/풀
2	すすき[sɯ̥sɯ̥kʲi] 芒/억새풀	7	チクチクする[tɕikɯ̥tɕikɯ̥sɯɾɯ] 따끔따끔거리다
3	すきだ[sɯ̥kʲida] 好きだ/좋아하다	8	ふかい[ɸɯ̥kai] 深い/깊다
4	きつつき[kʲitsɯ̥tsɯ̥kʲi] 啄木鳥/딱따구리	9	ふくそう[ɸɯ̥kɯ̥so:] 服装/복장
5	いつつ[itsɯ̥tsɯ̥] 五つ/다섯	10	つたえる[tsɯ̥taeɾɯ] 伝える/전달하다

☞ **sound 26** 무성모음 [ɯ̥]와 유성모음 [ɯ]가 들어간 단어들을 발음해 보자.

No	무성모음 [ɯ̥]	유성모음 [ɯ]
1	つつく[tsɯ̥tsɯ̥kɯ̥] 突く/콕콕 찌르다, 쪼아먹다	つづく[tsɯzɯkɯ̥] 続く/이어지다, 계속되다
2	つき[tsɯ̥kʲi] 月/달	つり[tsɯɾʲi] 釣り/낚시
3	すすき[sɯ̥sɯ̥kʲi] 芒/억새풀	すずき[sɯzɯkʲi] 鈴木/일본인 성 중의 하나
4	ふくし[ɸɯ̥kɯ̥ɕi] 福祉/복지	ふくり[ɸɯ̥kɯɾʲi] 福利/복리

4.4.6 어말 · 문말의 협모음 [i]/[ɯ]

㉮ 단어 끝이나 문장 끝에 모음 [i]나 [ɯ]가 오고 그 앞에 무성자음이 오는 경우 무성모음이 되는 경우가 많다.

㉯ 무성모음 [ɯ̥]와 유성모음 [ɯ]를 성대의 떨림 유무를 각각 의식하며 발음해 보자. 아래의 표를 참조.

㉰ 한국인 일본어 학습자 중에서, 특히 장년층 중에 어말 · 문말의 협모음 [i]/[ɯ]를 무성화하지 않고 유성화해서 발음하는 사례가 많다. 매우 어색하다.

㉱ ㉮~㉰에 유의하며 무성화된 [i̥]와 [ɯ̥]가 들어간 단어들을 발음해 보자.

☞ **sound 27** 어말 · 문말의 협모음 [i]/[ɯ]가 들어간 단어들을 발음해 보자.

No	어말 · 문말의 협모음 [i]/[ɯ]	No	어말 · 문말의 협모음 [i]/[ɯ]
1	いつつ[itsɯtsɯ̥] 五つ/다섯	6	つづく[tsɯzɯkɯ̥] 続く/이어지다, 계속되다
2	さくし[sakɯɕi̥] 作詞/작사	7	つき[tsɯkʲi̥] 月/달
3	くし[kʰɯɕi̥] 빗	8	すすき[sɯsɯkʲi̥] 芒/억새풀
4	くつ[kʰɯtsɯ̥] 靴/구두	9	すきです[sɯkʲidesɯ̥] 好きです/좋아합니다
5	かかし[kʰakaɕi̥] 허수아비	10	あります[aɾʲimasɯ̥] 있습니다

4.5 모음이 탈락된 발음의 실제

㉮ 무성화된 모음을 아예 탈락시켜 발음을 하는 경우이다. 예를 들어「やくそく(約束)」[jakɯsokɯ]는 무성모음화하여 [jakɯ̥sokɯ̥]로 발음해야 하는데, 여기에서 더 나아가 아예 앞의 모음 [ɯ]를 탈락시켜 마치 한국어의 ㄱ받침처럼 해서 [jaksokɯ̥]로 발음한다 (묵음화해서 발음한다).

㉯ /k자음+모음+k자음/, /k자음+모음+s자음/의 음운 환경에서 모음의 탈락이 자주 일어난다. 아래 표 참조할 것.

㉰ 모음을 탈락하지 않고 예를 들어「やくそく(約束)」를 [jakɯsokɯ]라고 발음해도 되지만, 일본인들에게는 상당히 부자연스럽게 들리는 듯하다.

㉱ 이상의 사실에 유의해서 모음이 탈락된 아래의 단어들을 발음해 보자.

☞ **sound 28** 모음이 탈락된 단어들을 발음해 보자.

No	모음의 탈락이 일어난 단어	No	모음의 탈락이 일어난 단어
1	おくさん[oksaɴ] 奥さん/부인, 사모님	6	アクセント[aksento] accent/악센트
2	かくす[kʰaksɯ] 隠す/숨기다	7	かくてい[kʰakte:] 確定/확정
3	はくさい[haksai] 白菜/배추	8	おんがくか[oŋgakka] 音楽家/음악가
4	こくさい[kʰoksai] 国際/국제	9	がくしゃ[gakɕa] 学者/학자
5	がくせきばんごう[gaksekʲibaŋgo:] 学籍番号/학번	10	やくそく[jaksokɯ] 約束/약속

4.6 모음이 삽입된 발음의 실제

㉮ 원어(영어, 한국어 등)에 없는 모음 [a], [o], [ɯ]를 삽입하거나 혹은 원어의 모음을 [a], [o], [ɯ] 등으로 변환하여 발음하는 경우이다. 외래어가 그 대상이 된다. 일본인들이 개음절(開音節)을 선호하기 때문에 일어나는 현상이다.

㉯ 만약 모음을 삽입하지 않고 원어에 최대한 맞춰 발음하면 일반 일본인들은 매우 불편한 기색을 보인다.

㉰ ㉯의 사실에 비추어 가타가나로 표기하는 외래어는 외국어의 일본어화(어휘의 획득)인가, 일본어의 외국어화(어휘의 상실)인가를 곰곰이 생각해 볼 필요가 있다.

㉱ 만약 전자, 즉 가타가나로 표기되는 외래어가 외국어의 일본어화라고 한다면 일본어는 그 어떠한 언어에서도 볼 수 없는 풍부한 어휘를 지니는 셈이 된다.

㉮ 위의 사실에 유의하며 모음이 삽입된 단어들을 발음해 보자.

☞ **sound 29** 아래의 [a], [o], [ɯ]가 들어간 단어들을 발음해 보자.

No	원어	모음의 삽입	No	원어	모음의 삽입
1	curve	カーブ[k^{h}a:bɯ] 커브	6	pink	ピンク[p^{j}iŋkɯ] 핑크
2	bus	バス[basɯ] 버스	7	street	ストリート[sɯtoɾ^{j}i:to] 거리
3	good	グッド[gɯddo] 굿	8	runner	ランナー[ɾanna:] 주자
4	morning	モーニング[mo:ɲiŋgɯ] 모닝	9	cunning	カンニング[k^{h}anɲiŋgɯ] 컨닝
5	white	ファイト[ɸɯaito] 희다	10	kimchi	キムチ[k^{h}imɯtɕi] 김치

제5장 일본어 자음(반모음) 발음의 실제

〈제5장의 키워드〉

5.1 파열음 /p/ /b/ /t/ /d/ /k/ /g/
- 5.1.1 /p/ → [p]
- 5.1.2 /p/ → [pʲ]
- 5.1.3 /b/ → [b]
- 5.1.4 /b/ → [bʲ]
- 5.1.5 /t/ → [t]
- 5.1.6 /d/ → [d]
- 5.1.7 /k/ → [k]
- 5.1.8 /k/ → [kʲ]
- 5.1.9 /g/ → [g]
- 5.1.10 /g/ → [gʲ]
- 5.1.11 /g/ → [ŋ]
- 5.1.12 /g/ → [ŋʲ]

5.2 파찰음 /c/
- 5.2.1 /c/ → [ʦ]
- 5.2.2 /c/ → [ʨ]

5.3 마찰음 /s/ /z/ /h/
- 5.3.1 /s/ → [s]
- 5.3.2 /s/ → [ɕ]
- 5.3.3 /z/ → [z]
- 5.3.4 /z/ → [ʑ]
- 5.3.5 /z/ → [ʣ]
- 5.3.6 /z/ → [ʥ]
- 5.3.7 /h/ → [ɸ]
- 5.3.8 /h/ → [ç]
- 5.3.9 /h/ → [h]

5.4 비음 /m/ /n/
- 5.4.1 /m/ → [m]
- 5.4.2 /m/ → [mʲ]
- 5.4.3 /n/ → [n]
- 5.4.4 /n/ → [ɲ]

5.5 탄설음 /r/
- 5.5.1 /r/ → [ɾ]
- 5.5.2 /r/ → [ɾʲ]

5.6 반모음
- 5.6.1 /j/ → [j]
- 5.6.2 /w/ → [w]

5.7 촉음 /Q/
- 5.7.1 /Q/ → [p]
- 5.7.2 /Q/ → [t]
- 5.7.3 /Q/ → [k]
- 5.7.4 /Q/ → [s]
- 5.7.5 /Q/ → [ɕ]
- 5.7.6 /Q/ → [h] [ɸ] [ç]
- 5.7.7 /Q/ → [b] [d] [g]

5.8 발음 /ɴ/
- 5.8.1 /ɴ/ → [m]
- 5.8.2 /ɴ/ → [n]
- 5.8.3 /ɴ/ → [ɲ]
- 5.8.4 /ɴ/ → [ŋ]
- 5.8.5 /ɴ/ → [ɴ]
- 5.8.6 /ɴ/ → [ṽ]

〈제5장의 키워드〉

무성·양순·파열음(無声·両唇·破裂音, むせい·りょうしん·はれつおん), 유성·양순·파열음(有声·両唇·破裂音, ゆうせい·りょうしん·はれつおん), 무성·치경·파열음(無声·歯茎·破裂音, むせい·しけい·はれつおん), 유성·치경·파열음(有声·歯茎·破裂音, ゆうせい·しけい·はれつおん), 무성·연구개·파열음(無声·軟口蓋·破裂音, むせい·なんこうがい·はれつおん), 무성·경구개·파열음(無声·硬口蓋·破裂音, むせい·こうこうがい·はれつおん), 유성·연구개·파열음(有声·軟口蓋·破裂音, ゆうせい·なんこうがい·はれつおん), 유성·경구개·파열음(有声·硬口蓋·破裂音, ゆうせい·こうこうがい·はれつおん), 유성·연구개·비음(有声·軟口蓋·鼻音, ゆうせい·なんこうがい·びおん), 유성·경구개·비음(有声·硬口蓋·鼻音, ゆうせい·こうこうがい·びおん), 비탁음(鼻濁音, びだくおん), 무성·치경·파찰음(無声·歯茎·破擦音, むせい·しけい·はさつおん), 무성·치경경구개·파찰음(無声·歯茎硬口蓋·破擦音, むせい·しけいこうこうがい·はさつおん), 무성·치경·마찰음(無声·歯茎·摩擦音, むせい·しけい·まさつおん), 무성·치경경구개·마찰음(無声·歯茎硬口蓋·摩擦音, むせい·しけいこうこうがい·まさつおん), 유성·치경·마찰음(有声·歯茎·摩擦音, ゆうせい·しけい·まさつおん), 유성·치경경구개·마찰음(有声·歯茎硬口蓋·摩擦音, ゆうせい·しけいこうこうがい·まさつおん), 유성·치경·파찰음(有声·歯茎·破擦音, ゆうせい·しけい·はさつおん), 유성·치경경구개·파찰음(有声·歯茎硬口蓋·破擦音, ゆうせい·しけいこうこうがい·はさつおん), 무성·양순·마찰음(無声·両唇·摩擦音, むせい·りょうしん·まさつおん), 무성·경구개·마찰음(無声·硬口蓋·摩擦音, むせい·こうこうがい·まさつおん), 무성·성문·마찰음(無声·声門·摩擦音, むせい·せいもん·まさつおん), 유성·양순·비음(有声·両唇·鼻音, ゆうせい·りょうしん·びおん), 유성·양순·비음(有声·両唇·鼻音, ゆうせい·りょうしん·びおん), 유성·양순·경구개·비음(有声·両唇·硬口蓋·鼻音, ゆうせい·りょうしん·こうこうがい

・びおん), 유성・치경・비음(有声・歯茎・鼻音, ゆうせい・しけい・びおん), 유성・치경경구개・비음(有声・歯茎硬口蓋・鼻音, ゆうせい・しけい・こうこうがい・びおん), 유성・치경・탄설음(有声・歯茎・弾き音, ゆうせい・しけい・はじきおん), 유성・치경경구개・탄설음(有声・歯茎硬口蓋・弾き音, ゆうせい・しけい・こうこうがい・はじきおん), 유성・경구개・반모음(有声・硬口蓋・半母音, ゆうせい・こうこうがい・はんぼいん), 유성・양순・연구개・반모음(有声・両唇・軟口蓋・半母音, ゆうせい・りょうしん・こうこうがい・はんぼいん), 무성・양순・폐쇄・지속음(無声・両唇・閉鎖・持続音, むせい・りょうしん・へイさ・じぞくおん), 무성・치경・폐쇄・지속음(無声・歯茎・閉鎖・持続音, むせい・しけい・へいさ・じぞくおん), 무성・연구개・폐쇄・지속음(無声・軟口蓋・閉鎖・持続音, むせい・なんこうがい・へいさ・じぞくおん), 무성・치경・마찰・지속음(無声・歯茎・摩擦・持続音, むせい・しけい・まさつ・じぞくおん), 무성・치경경구개・마찰・지속음(無声・歯茎・硬口蓋・摩擦・持続音, むせい・しけい・こうこうがい・まさつ・じぞくおん), 무성・성문・마찰・지속음(無声・声門・摩擦・持続音, むせい・せいもん・まさつ・じぞくおん), 무성・양순・마찰・지속음(無声・両唇・摩擦・持続音, むせい・りょうしん・まさつ・じぞくおん), 무성・경구개・마찰・지속음(無声・硬口蓋・摩擦・持続音, むせい・こうこうがい・まさつ・じぞくおん), 유성・양순・폐쇄・지속음(有声・両唇・閉鎖・持続音, ゆうせい・りょうしん・へいさ・じぞくおん), 유성・치경・폐쇄・지속음(有声・歯茎・閉鎖・持続音, ゆうせい・しけい・へいさ・じぞくおん), 유성・연구개・폐쇄・지속음(有声・軟口蓋・閉鎖・持続音, ゆうせい・なんこうがい・へいさ・じぞくおん)

제5장에서는 파열음, 파찰음, 마찰음, 비음, 탄설음, 반모음, 촉음, 발음 방법을 살펴보고 실제 음성자료를 들어가며 발음을 연습해 보자.

5.1 파열음- /p/ /b/ /t/ /d/ /k/ /g/

이하의 절에서는 /p/ → [p], /b/ → [b], /t/ → [t], [d] → [d], /k/ → [k], /g/ → [g] 등의 파열음의 발음 요령을 학습하고 실제 발음을 연습하기로 한다.

5.1.1 /p/ → [p]

㉮ 무성 · 양순 · 파열음(無声 · 両唇 · 破裂音, むせい · りょうしん · はれつおん): 성대가 진동하지 않으며 조음점이 양 입술이고 조음법은 파열음이다.

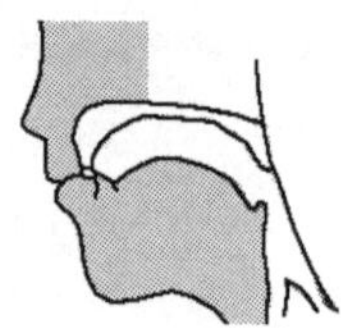

[p]

㉯ 「ぱ」는 [pa]로, 「ぷ」는 [pɯ]로, 「ぺ」는 [pe]로, 「ぽ」는 [po]로 표기함.

㉰ [ppppp]소리를 내며 한 손바닥은 양 입술 앞에, 다른 손바닥은 성대에 대고 성대의 진동 유무와 조음점과 조음법을 확인한다.

㉱ 어두에 올 때는 [p^h], 어중에 올 때는 [p']로 발음한다.

㉲ ㉮~㉱에 유의하며 무성 · 양순 · 파열음 [p]가 들어간 단어를 발음해 보자.

☞ **sound 30** 아래의 단어들을 발음해 보자.

No	어두에 올 때	어중에 올 때
1	パイプ [p^haipɯ] pipe/파이프	かんぱい[k^hampʻai] 乾杯/건배
2	パラパラ[p^haɾapaɾa] 책장 넘기는 소리	よっぱらう[joppʻaɾaɯ] 酔っぱらう/술에) 취하다
3	ペンチ[p^hentɕi] pinchers/펀치	てっぺん[theppʻeɴ] 天辺/꼭대기, 정상
4	プリン[p^hɯɾ^{j}iɴ] 푸링	いっぷん[ippʻɯɴ] 1分/1분
5	ポンプ[p^hompʻɯ] pump/펌프	にっぽん[ippʻoɴ] 日本/일본

5.1.2 /p/ → [p^j]

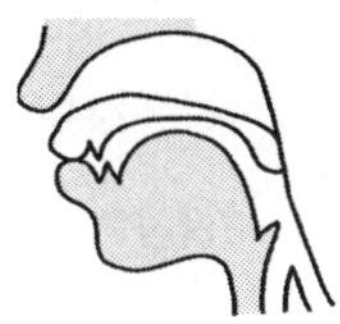

[p^j]

㉮ 무성 · 양순 · 파열음(無声 · 両唇 · 破裂音, むせい · りょうしん · はれつおん): 성대가 진동하지 않으며 조음점이 양 입술이고 조음법은 파열음이다.

㉯ 「ぴ」는 [p^ji]로, 「ぴゃ」는 [p^ja]로, 「ぴゅ」는 [p^jɯ]로, 「ぴょ」는 [p^jo]로 표기한다.

㉰ [ppppp] 소리를 내며 한 손바닥은 양 입술 앞에, 다른 손바닥은 성대에 대고 성대의 진동 유무와 조음점과 조음법을 확인한다. 조음점은 [p]와 동일하지만 전설 면이 경구개 쪽으로 솟아오르는 점에 유의하자.

㉱ 어두에 올 때는 [p^h], 어중에 올 때는 [pʻ]로 발음한다.

㉲ ㉮~㉱에 유의하며 무성 · 양순 · 파열음 [p^j]가 들어간 단어를 발음해 보자.

☞ **sound 31** 아래의 단어들을 발음해 보자.

No	어두에 올 때	어중에 올 때
1	ぴかぴか[p^{j}ikap^{j}ika] 반짝반짝	いっぴき [ipp^{j}ik^{j}i] 한 마리
2	ピューピュー[p^{j}ɯ:p^{j}ɯ:] 바람이)쌩쌩	ろっぴゃく [ɾopp^{j}akɯ] 600/육백
3	ピノキオ[p^{j}inok^{j}io] 피노키오	コンピューター[k^{h}omp^{j}ɯ:ta:] 컴퓨터
4	ピストル[p^{j}isɯtoɾɯ] 권총	けっぴょう [k^{h}epp^{j}o:] 結氷/결빙

5.1.3 /b/ → [b]

㉮ 유성 · 양순 · 파열음(有声 · 両唇 · 破裂音, ゆうせい · りょうしん · はれつおん): 성대가 진동하며 조음점이 양 입술이고 조음법은 파열음이다.

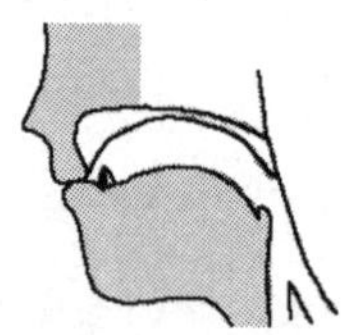

[b]

㉯ 「ば」는 [ba]로, 「ぶ」는 [bɯ]로, 「べ」는 [be]로, 「ぼ」는 [bo]로 각각 표기한다.

㉰ [bbbbb] 소리를 내며 한 손바닥은 양 입술 앞에, 다른 손바닥은 성대에 대고 성대의 진동 유무와 조음점과 조음법을 확인한다.

㉱ 한국인에게 있어 어두의 [b] 발음은 매우 어렵다. 「ㅂ」보다 훨씬 부드럽게 발음하는 연습을 해 보자.

㉲ ㉮~㉱에 유의하며 유성 · 양순 · 파열음 [b]가 들어간 단어를 발음해 보자.

☞ **sound 32** 아래의 단어들을 발음해 보자.

No	어두에 올 때	어중에 올 때
1	バイク [baikɯ] bike/ 바이크	たばこ [t^habako] 煙草/담배
2	ぶとうかい[buto:kai] 舞踏会/ 무도회	あぶない[abɯnai] 危ない/위험하다
3	ベンチ [bentɕi] beɴch/벤치	たべもの[t^habemono] 食べ物/음식
4	ぼうし [bo:ɕi] 帽子/모자	どろぼう[dorobo:] 泥棒/도둑
5	ばめん [bameɴ] 場面/장면	いちばん[itɕibaɴ] 一番/ 부사 가장

5.1.4 /b/ → [b^j]

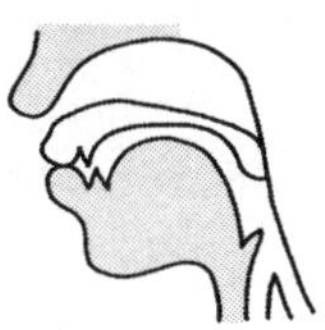

[b^j]

㉮ 유성 · 양순 · 파열음(有声 · 両唇 · 破裂音, ゆうせい · りょうしん · はれつおん): 성대가 진동하며 조음점이 양 입술(전설 면이 경구개를 향함)이고 조음법은 파열음이다.

㉯ 「び」는 [b^ji]로, 「びゃ」는 [b^ja]로, 「びゅ」는 [b^jɯ]로, 「びょ」는 [b^jo]로 각각 표기한다.

㉰ [bbbbb] 소리를 내며 한 손바닥은 양 입술 앞에, 다른 손바닥은 성대에 대고 성대의 진동 유무와 조음점과 조음법을 확인한다.

㉱ 한국인에게 있어 어두의 [b^j] 발음은 매우 어렵다. 「ㅂ」보다 훨씬 부드럽게 발음하는 연습을 해 보자.

㉲ ㉮~㉱에 유의하며 유성 · 양순 · 파열음 [b^j]가 들어간 단어를 발음해 보자.

☞ **sound 33** 아래의 단어들을 발음해 보자.

No	어두에 올 때	어중(어말)에 올 때
1	ビキニ[bʲikʲiɲi] 비키니	えび[ebʲi] 海老/새우
2	びみょう[bʲimʲo:] 微妙/ 미묘	ようび[jo:bʲi] 曜日/ 요일
3	びゃくや[bʲakɯja] 白夜/ 백야	さんびゃく[sambʲakɯ] 三百/ 삼백
4	ビュービュー[bʲɯ:bʲɯ:] 거센 바람이 부는 소리	インタビュー[intabʲɯ:] interview/ 인터뷰
5	びょういん[bʲo:iɴ] 病院/병원	いちびょう[itɕibʲo:] 1秒/1초

☞ **sound 34** 아래의 두 단어들을 비교하며 발음해 보자.

No	[p]	[b]
1	パック[pʰakkɯ] pack/팩	バック[baggɯ] bag/백, 가방
2	ピザ[pʲiza] pizza/피자	ビザ[biza] visa/비자
3	ぷりぷり[pʰɯɾʲipɯɾʲi] 화가 나) 퉁퉁, 팅팅	ぶりぶり[bɯɾʲibɯɾʲi] 화가 나서 말 안하는 모양
4	ペンチ[pʰentɕi] pinch/펜치	ベンチ[bentɕi] 벤치
5	ポンプ[pʰompɯ] pump/펌프	ぼんぷ[bompɯ] 凡夫/범부(평범한 사람)

5.1.5 /t/ → [t]

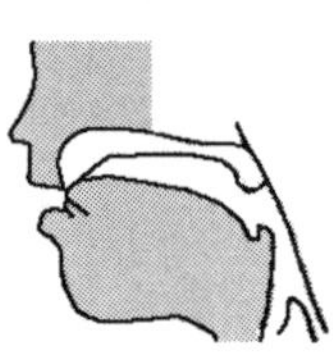

[t]

㉮ 무성·치경·파열음(無声·歯茎·破裂音, むせい·しけい·はれつおん): 성대가 진동하지 않으며 조음점이 치경이고 조음법은 파열음이다.

㉯「た」는 [ta]로,「て」는 [te]로,「と」는 [to]로 표기한다.

㉰ [ttttt] 음을 내며 한 손바닥은 입 앞에, 다른 손바닥은 성대에 대

고 성대의 진동 유무와 조음점(혀끝이 닿는 위치)와 조음법을 확인한다.

㉣ 어두에 올 때는 [tʰ], 어중에 올 때는 [tʻ]로 발음한다.

㉤ ㉮~㉣에 유의하며 무성 · 치경 · 파열음 [t]가 들어간 단어를 발음해 보자.

☞ **sound 35** 아래의 단어들을 발음해 보자.

No	어두에 올 때	어중에 올 때
1	たまねぎ[tʰamanegʲi] 玉ねぎ/양파	せいたい[se:tʻai] 声帯/ 성대
2	たいぐう[tʰaigɯ:] 待遇/ 대우	いったい[ittʻai] 一体/ 도대체
3	ていあん[tʰe:aɴ] 提案/ 제안	けってい[kʰettʻe:] 決定/ 결정
4	てつがく[tʰetsɯgakɯ] 哲学/ 철학	せんてい[sentʻe:] 選定/ 선정
5	とうにゅう[tʰo:ɲɯ:] 投入/ 투입	いっとう[ittʻo:] 一等/ 일등

5.1.6 /d/ → [d]

㉮ 유성 · 치경 · 파열음(有声 · 歯茎 · 破裂音, ゆうせい · しけい · はれつおん): 성대가 진동하며 조음점이 치경이고 조음법은 파열음이다.

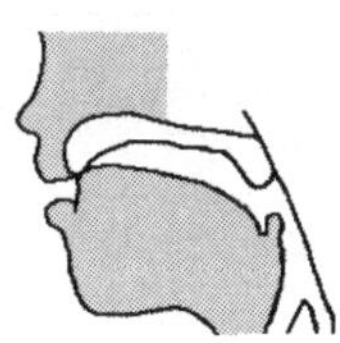

[d]

㉯「だ」는 [da]로,「で」는 [de]로,「ど」는 [do]로 각각 표기한다.

㉰ [ddddd] 음을 내며 한 손바닥은 입 앞에, 다른 손바닥은 성대에

대고 성대의 진동 유무, 조음점(혀끝이 닿는 위치)와 조음법을 확인한다.

㉣ 어두에 있는 유성치경파열음 [d]를 한국인이 발음하기란 매우 어렵다. 예) 「다가」→ [taga], 「가다」→ [kada]

㉤ ㉠~㉣에 유의하며 유성 · 치경 · 파열음 [d]가 들어간 단어를 발음해 보자.

☞ **sound 36** 아래의 단어들을 발음해 보자.

No	어두에 올 때	어중(어말)에 올 때
1	だいこん [daikoɴ] 大根/무	せいだい[se:dai] 盛大/성대
2	だいとうりょう[daito:ɾʲo:] 大統領/대통령	せんだい[sendai] 仙台/센다이(지명)
3	でる[deɾɯ] 出る/나오다	きゅうでん[kʲɯ:deɴ] 宮殿/궁전
4	でんわ[dew̃wa] 電話/전화	そで[sode] 袖/소매
5	どうぎょう[do:gʲo:] 同業/동업	こども[kʰodomo] 子供/아이

☞ **sound 37** 아래의 두 단어들을 비교하며 발음해 보자.

No	[t]	[d]
1	たいきん[tʰaikʲiɴ] 退勤/퇴근	だいきん[daikʲiɴ] 代金/대금
2	たいし[tʰaiɕi] 大使/대사	だいし[daiɕi] 第四/제4
3	てぐち[tʰegɯtɕi] 手口/수법	でぐち[degɯtɕi] 出口/출구
4	てんき[tʰeŋkʲi] 天気/날씨	でんき[deŋkʲi] 電気/전기
5	とく[tʰokɯ] 解く/풀다	どく[dokɯ] 得/(이)득
6	とうこう[tʰo:ko:] 登校/등교	どうこう[do:ko:] 同行/동행

5.1.7 /k/ → [k]

㉮ 무성 · 연구개 · 파열음(無声 · 軟口蓋 · 破裂音, むせい · なんこうがい · はれつおん): 성대가 진동하지 않으며 조음점이 연구개이고 조음법은 파열음이다.

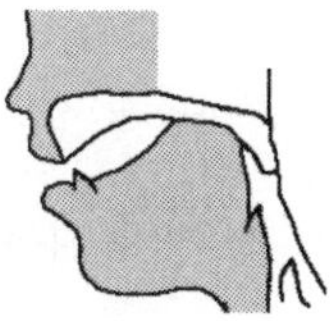

[k]

㉯「か」는 [ka]로,「く」는 [kɯ]로,「け」는 [ke]로,「こ」는 [ko]로 표기한다.

㉰ [kkkkk] 음을 내며 한 손바닥은 입 앞에, 다른 손바닥은 성대에 대고 성대의 진동 유무와 조음점(후설 면이 향하는 부위)와 조음법을 확인한다.

㉱ 어두에 올 때는 [kʰ], 어중에 올 때는 [k']로 발음한다.

㉲ ㉮~㉱에 유의하며 무성 · 연구개 · 파열음 [k]가 들어간 단어를 발음해 보자.

☞ **sound 38** 아래의 단어들을 발음해 보자.

No	어두에 올 때	어중에 올 때
1	かだい[kʰadai] 課題/과제	いかだいがく[ik'adaigakɯ] 医科大学/의과대학
2	かぞく[kʰazok'ɯ] 家族/가족	せかい[sek'ai] 世界/세계
3	くうこう[kʰɯ:k'o:] 空港/공항	おくびょう[ok'ɯbʲo:] 臆病/겁쟁이
4	けさ[kʰesa] 今朝/오늘 아침	せっけい[sekk'e:] 設計/설계
5	こうこう[kʰo:k'o:] 高校/고등학교	いっこう[ikk'o:] 一向/ 부사 도무지

5.1.8 /k/ → [kʲ]

㉮ 무성 · 경구개 · 파열음(無声 · 硬口蓋 · 破裂音, むせい · こうこうがい · はれつおん): 성대가 진동하지 않으며 조음점이 경구개이고 조음법은 파열음이다.

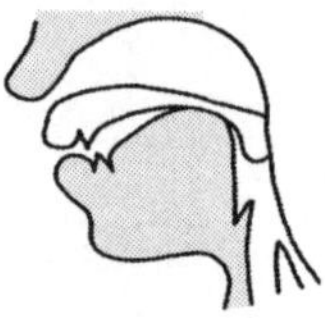

[kʲ]

㉯「き」는 [kʲi]로,「きゃ」는 [kʲa]로,「きゅ」는 [kʲɯ]로,「きょ」는 [kʲo]로 표기한다.

㉰ [kʲkʲkʲkʲkʲ] 음을 내며 한 손바닥은 입 앞에, 다른 손바닥은 성대에 대고 성대의 진동 유무와 조음점(전설 면이 향하는 부위)와 조음법을 확인한다.

㉱ 어두에 올 때는 [kʰ], 어중에 올 때는 [k‘]로 발음한다.

㉲ ㉮~㉱에 유의하며 무성 · 경구개 · 파열음 [kʲ]가 들어간 단어를 발음해 보자.

☞ **sound 39** 아래의 단어들을 발음해 보자.

No	어두에 올 때	어중(어말)에 올 때
1	きせつ[kʲisetsɯ] 季節/계절	にんき[ɲiŋkʲi] 人気/인기
2	ききんぞく[kʲikʲindzokɯ] 貴金属/귀금속	ごうきん[go:kʲiɴ] 合金/합금
3	きゃくたい[kʲakɯtai] 客体/객체	おきゃくさん[okʲakɯsaɴ] お客さん/손님
4	きゅうでん[kʲɯ:deɴ] 宮殿/궁전	やきゅう[jakʲɯ:] 野球/야구
5	きょうかい[kʲo:kai] 教会/교회	とうきょう[tʰo:kʲo:] 東京/도쿄

5.1.9 /g/ → [g]

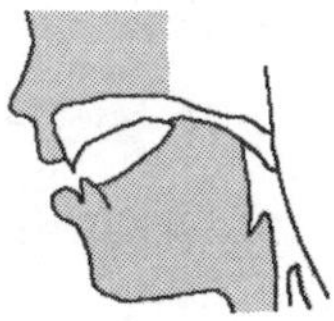

[g]

㉮ 유성 · 연구개 · 파열음(有声 · 軟口蓋 · 破裂音, ゆうせい · なんこうがい · はれつおん): 성대가 진동하며 조음점이 연구개이고 조음법은 파열음이다.

㉯ 「が」는 [ga]로, 「ぐ」는 [gɯ]로, 「げ」는 [ge]로, 「ご」는 [go]로 표기

㉰ [ggggg] 음을 내며 한 손바닥은 입 앞에, 다른 손바닥은 성대에 대고 성대의 진동 유무와 조음점(후설이 향하는 부위)와 조음법을 확인한다.

㉱ 어두의 유성 · 연구개 · 파열음 [g]를 한국인이 발음하기란 매우 어렵다. 예) /가방/ → [**k**abaŋ], /내가/ → [nɛ**g**a]

㉲ ㉮~㉱에 유의하며 유성 · 연구개 · 파열음 [g]가 들어간 단어를 발음해 보자.

☞ **sound 40** 아래의 단어들을 발음해 보자.

No	어두에 올 때	어중(어말)에 올 때
1	がくもん[gakɯmoɴ] 学問/학문	おんがく[oŋgakɯ] 音楽/음악
2	ぐうぜん[gɯ:zeɴ] 偶然/우연	たいぐう[tʰaigɯ:] 待遇/대우
3	げい[ge:] 芸/재주	はげ[hage] 禿/대머리
4	ごうか[go:ka] 豪華/호화	さいご[saigo] 最後/마지막
5	ごうけい[go:ke:] 合計/합계	さんごしょう[saŋgoɕo:] 珊瑚礁/산호초

5.1.10 /g/ → [g^j]

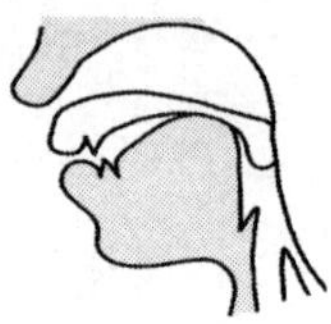

[g^j]

㉮ 유성 · 경구개 · 파열음(有声 · 硬口蓋 · 破裂音, ゆうせい · こうこうがい · はれつおん): 성대가 진동하며 조음점이 경구개이고 조음법은 파열음이다.

㉯ 「ぎ」는 [g^ji]로, 「ぎゃ」는 [g^ja]로, 「ぎゅ」는 [g^jɯ]로, 「ぎょ」는 [g^jo]로 표기한다.

㉰ [$g^jg^jg^jg^jg^j$] 음을 내며 한 손바닥은 입 앞에, 다른 손바닥은 성대에 대고 성대의 진동 유무, 조음점(전설이 향하는 부위, 경구개)과 조음법을 확인한다.

㉱ 어두의 유성경구개파열음 [g^j]를 한국인이 발음하기란 매우 어렵다. 예)「기자」→ [**k**^{j}iza], 「자기」→ [zagi]

㉲ ㉮~㉱에 유의하며 유성 · 경구개 · 파열음 [g^j]가 들어간 단어를 발음해 보자.

☞ **sound 41** 아래의 단어들을 발음해 보자.

No	어두에 올 때	어중(어말)에 올 때
1	ぎかい[g^jikai] 議会/의회	のぎく[nog^jikɯ] 野菊/들국화
2	ぎじゅつ[g^jiʑɯtsɯ] 技術/기술	せいぎ[se:g^ji] 正義/정의
3	ぎゃくこうか[g^jakɯko:ka] 逆効果/역효과	ざんぎゃく[dzaŋg^jakɯ] 残虐/잔학
4	ぎゅうなべ[g^jɯ:nabe] 牛鍋/쇠고기 전골	わぎゅう[wag^jɯ:] 和牛/일본 소
5	ぎょうかい[g^jo:kai] 業界/업계	いちぎょう[itɕig^jo:] 1行/첫째 줄

☞ **sound 42** 아래의 두 단어들을 비교하며 발음해 보자.

No	[k]	[g]
1	カード[kʰa:do] card/카드	ガード[ga:do] guard/경비, 방어자세
2	きょうせい[kʲo:se:] 強制/강제	ぎょうせい[gʲo:se:] 行政/행정
3	くち[kʰɯtɕi] 口/입	ぐち[gɯtɕi] 愚痴/푸념
4	けんこう[kʰeŋko:] 健康/건강	げんこう[geŋko:] 原稿/원고
5	こむ[kʰomɯ] 込む/붐비다	ゴム[gomɯ] 고무

5.1.11 /g/ → [ŋ]

㉮ 유성 · 연구개 · 비음(有声 · 軟口蓋 · 鼻音, ゆうせい · なんこうがい · びおん): 성대가 진동하며 조음점이 연구개이고 조음법은 비음이다. 폐에서 올라온 날숨이 목젖에 의해서 구강이 아닌 비강으로 빠져 나가면서 나는 언어음이다.

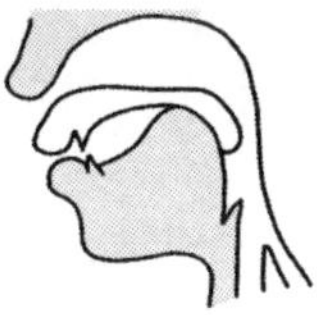

[ŋ]

㉯ 「が」는 [ŋa]로, 「ぐ」는 [ŋɯ]로, 「げ」는 [ŋe]로, 「ご」는 [ŋo]로 표기한다.

㉰ 「잉어」처럼 「잉아」, 「잉우」, 「잉에」, 「잉오」 음을 내며 한 손바닥은 성대에 대고, 한 손은 코를 잡고 성대의 진동 유무, 조음점(후설이 향하는 부위, 연구개)과 조음법을 확인한다.

㉱ 주로 중년층 이상이 사용하지만 100%가 다 그런 것은 아니다.

㉲ ㉮~㉱에 유의하며 유성 · 연구개 · 비음 [ŋ]가 들어간 단어를 발음해 보자.

☞ **sound 43** 아래의 단어들을 발음해 보자.

No	어중(어말)	No	어중(어말)
1	えいが[e:ŋa] 映画/영화	6	かげむしゃ[k^{h}aŋemɯɕa] 影武者/배후조종자
2	どうが[do:ŋa] 動画/동영상	7	ちゅうごくご[tɕɯ:ŋokɯgo] 中国語/중국어
3	ぶんぼうぐ[bɯmbo:ŋɯ] 文房具/문방구	8	えいご[e:ŋo] 英語/영어
4	かぐ[k^{h}aŋɯ] 家具/가구	9	はがき[haŋak^{j}i] 葉書/엽서
5	えんげき[eŋŋek^{j}i] 演劇/연극	10	かがみ[k^{h}aŋam^{j}i] 鏡/거울

5.1.12 /g/ → [ŋ^j]

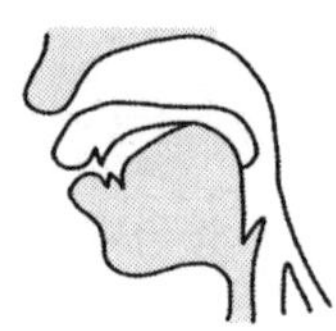

[ŋ^j]

㉮ 유성 · 경구개 · 비음(有声 · 硬口蓋 · 鼻音, ゆうせい · こうこうがい · びおん): 성대가 진동하며 조음점이 경구개이고 조음법은 비음이다. 폐에서 올라온 날숨이 목젖에 의해서 구강이 아닌 비강으로 빠져 나가면서 나는 언어음이다.

㉯ 「ぎ」는 [ŋ^{j}i]로, 「ぎゃ」는 [ŋ^{j}a]로, 「ぎゅ」는 [ŋ^{j}ɯ]로, 「ぎょ」는 [ŋ^{j}o]로 표기한다.

㉰ 한 손바닥은 성대에 대고, 한 손은 코를 잡고 성대의 진동 유무, 조음점(전설이 향하는 부위, 경구개)와 조음법을 확인한다.

㉱ 주로 중년층 이상이 사용하지만 100%가 다 그런 것은 아니다. 그러나 한국인 일본어 학습자에게는 이 음이 매우 기묘하게 들리므로 알아둘 필요가 있다.

㉲ ㉮~㉱에 유의하며 유성 · 경구개 · 비음 [ŋ^j]가 들어간 단어를 발음해 보자.

☞ **sound 44** 아래의 단어들을 발음해 보자.

No	어중(어말)	No	어중(어말)
1	しょうぎ[ɕoːŋʲi] 将棋/장기	5	わぎゅう[waŋʲɯː] 和牛/일본 소
2	きほんぎ[kʲihoŋʲi] 基本技/기본기	6	しょくぎょう[ɕokɯŋʲoː] 職業/직업
3	のぎく[noŋʲikɯ] 野菊/들국화	7	えいぎょう[eːŋʲoː] 営業/영업
4	あんぎゃ[aŋŋʲa] 行脚/스님들의) 도보 수행	8	きんぎょ[kʲiŋŋʲo] 金魚/금붕어

〈비탁음이 되기 쉬운 것과 어려운 것〉[8)]

㉮ 비탁음이 되기 쉬운 것

1) 어중의 が행음- かがみ(鏡), はがき(葉書), だいがく(大学)

2) 조사 が- はなが(花が), ほんが(本が), しんぶんが(新聞が)

3) 복합어- しょうがくせい(小学生), けいざいがく(経済学)

4) 연탁현상- かわぐち(川口), むこうぎし(向こう岸)

5) 한 단어가 된 수사- しちごさん(七五三), じゅうごや(十五夜)

㉯ 비탁음이 되기 어려운 것

1) 어두의 が행음- げんこう(原稿), ごうかく(合格)

2) 외래어의 が행음- アスパラガス, マンガン, イギリス人

3) 숫자 5- ごせんごひゃくごじゅうごえん(5555円)

4) 의성어와 의태어- ごろごろ, がらがら, げらげら, ぎりぎり

---

8) 이케다 유코(池田悠子, 2008:71)에서 인용하였다.

5.2 파찰음- /c/

5.2절에서는 파찰음 /c/가 구체적으로 실현된 언어음 [ʦ],[ʨ]에 대해서 살펴보기로 한다.

5.2.1 /c/ → [ʦ]

㉮ 무성 · 치경 · 파찰음(無声 · 歯茎 · 破擦音, むせい · しけい · はさつおん): 성대가 진동하지 않으며 조음점은 치경, 조음법은 파열음과 마찰음이다. 파열음과 마찰음이 거의 동시에 난다. 즉 혀끝을 윗 잇몸에 한번 접촉하여 파열음 [t]를 발음하고, 거의 동시에 윗 잇몸에 전설 면을 근접시킨 다음, 미세한 틈을 내어 그 사이로 마찰음 [s]를 발음한다.

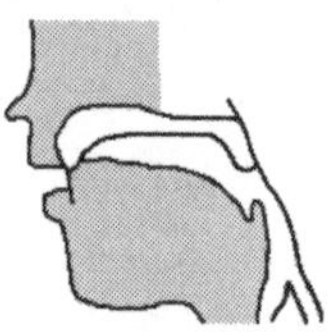

[ʦ]

㉯「つ」의 자음으로, [ʦɯ]로 표기한다.

㉰「きつつき」[$\mathrm{k^h}$iʦɯʦɯ$\mathrm{k^j}$i],「さつまいも」[saʦɯmaimo]를 발음하면서 한 손은 성대에 대고(성대의 떨림 유무 확인), 다른 한 손은 입 앞을 댄다(파열 유무 확인). 그리고 전설의 미세한 움직임과 닿는 부위를 인식한다(조음점 확인).

㉱ 한국인에게는 어려운 발음이다. 한국어의「츠」,「쓰」,「쯔」의 자음과는 다른 발음이다.「츠」,「쓰」,「쯔」의 자음은 조음점이 경구개이지만,「つ」의 자음은 치경이다.

㉮ ㉮~㉱에 유의하며 무성 · 치경 · 파찰음 [ʦ]가 들어간 단어를 발음해 보자.

☞ **sound 45** 아래의 단어들을 발음해 보자.

No	어두	어중
1	つる[tsɯɾɯ] 鶴/학	にもつ[ɲimotsɯ] 荷物/짐
2	つくえ[tsɯkɯe] 机/책상	ちかてつ[tɕikatetsɯ] 地下鉄/지하철
3	つたえる[tsɯtaeɾɯ] 伝える/전달하다	うつくしい[ɯtsɯkɯɕi:] 美しい/아름답다
4	つけもの[tsɯkemono] 漬物/야채절임	てつだう[t^{h}etsɯdaɯ] 手伝う/거들다
5	ついたち[tsɯitatɕi] 一日/초하루	しょうせつ[ɕo:setsɯ] 小説/소설

5.2.2 /c/ → [ʨ]

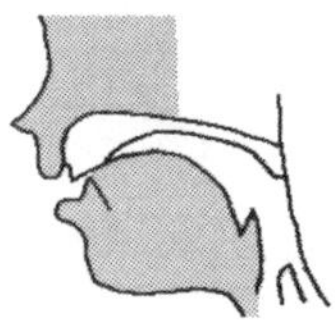

[ʨ]

㉮ 무성 · 치경경구개 · 파찰음(無声 · 歯茎硬口蓋 · 破擦音, むせい · しけいこうこうがい · はさつおん): 성대가 진동하지 않으며 조음점은 치경과 경구개, 조음법은 파열음과 마찰음이다. 파열음과 마찰음이 거의 동시에 난다. 즉 혀끝(전설)을 윗 잇몸과 경구개에 한번 접촉하여 파열음 [t]를 발음하고, 거의 동시에 윗 잇몸(치경)과 경구개에 미세한 틈을 내어 그 사이로 마찰음 [ɕ]를 발음한다. 「た」[ta], 「て」[te], 「と」[to]의 자음과 비교하며 발음해 본다.

㉯ 「ち」는 [tɕi]로, 「ちゃ」는 [tɕa]로, 「ちゅ」는 [tɕɯ]로, 「ちょ」는 [tɕo]

로 표기한다.

㉰ 「チーフ」[tɕi:ɸɯ], 「チーム」[tɕi:mɯ]를 발음하면서 한 손은 성대에 대고(성대의 떨림 유무 확인), 다른 한 손은 입 앞을 댄다(파열 유무 확인). 그리고 혀끝의 미세한 움직임과 닿는 부위를 인식한다(조음점 확인).

㉱ 한국인에게는 어려운 발음이다. 한국어의 「치」, 「씨」, 「찌」의 자음과 다른 발음이다. 「치」, 「씨」, 「찌」는 조음점이 경구개이지만, 「ち」는 조음점이 치경과 경구개이다. 「た」, 「て」, 「と」의 자음과 비교해서 발음해 본다.

㉲ ㉮~㉱에 유의하며 무성 · 치경경구개 · 파찰음 [tɕ]가 들어간 단어를 발음해 보자.

☞ **sound 46** 아래의 단어들을 발음해 보자.

No	어두	어중(어말)
1	ちかてつ[tɕikatetsɯ] 地下鉄/지하철	いのち[inotɕʻi] 命/목숨, 생명
2	ちょくせつ[tɕokɯsetsɯ] 直接/직접	すいちょく [sɯitɕʻokɯ] 垂直/수직
3	ちゃわん[tɕawaɴ] 茶碗/찻잔	おもちゃ[omotɕʻa] 玩具/장난감
4	ちょうちん[tɕo:tɕiɴ] 提灯/초롱, 등불	かちょう [kʰatɕʻo:] 課長/과장
5	ちゅうおう[tɕɯ:o:] 中央/중앙	くうちゅう[kʰɯ:tɕʻɯ:] 空中/공중

5.3 마찰음– /s/ /z/ /h/

이 절에서는 마찰음 /s/의 구체적인 언어음 [s]와 [ɕ], /z/의 구체적인 음 [z], [ʑ], [dz], [dʑ], /h/의 구체적인 음 [ɸ], [ç], [h]에 대해서 살펴보도록 하겠다.

5.3.1 /s/ → [s]

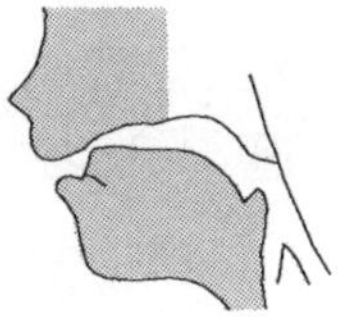
[s]

㉮ 무성 · 치경 · 마찰음(無声 · 歯茎 · 摩擦音, むせい · しけい · まさつおん): 성대가 진동하지 않으며 조음점은 치경이다(치경에 붙지는 않는다). 조음법은 마찰음이다.

㉯「さ」는 [sa]로,「す」는 [sɯ]로,「せ」는 [se]로,「そ」는 [so]로 표기

㉰「いきます」[ik^{j}imasɯ] 혹은 [sssssss]를 연속적으로 발음하면서 한 손은 성대에 대고(성대의 떨림 유무 확인), 혀끝의 미세한 움직임, 혀끝과 치경의 미세한 틈을 빠져 나가는 음을 인식한다(조음점 확인).

㉱ 간혹 일본어 학습자 중에「さ」를「싸」,「す」를「쓰」,「せ」를「쎄」,「そ」를「쏘」로 발음하는 학생들이 있는데 이는 잘못된 발음이다. 그러나 촉음 다음에 오는「さ, す, せ, そ」는「싸, 쓰, 쎄, 쏘」에 가깝게 발음된다.

㉲ ㉮~㉱에 유의하며 무성 · 치경 · 마찰음 [s]가 들어간 단어를 발음해 보자.

☞ **sound 47** 아래의 단어들을 발음해 보자.

No	어두	어중(어말)
1	さしみ[saɕimʲi] 刺身/생선회	ちょうさ[tɕo:sa] 調査/조사
2	ささえる[sasaerɯ] 支える/지탱하다	けんさ[keṽsa] 検査/검사
3	すうがく[sɯ:gakɯ] 数学/수학	はなす[hanasɯ] 話す/이야기하다
4	せいふ[se:ɸɯ] 政府/정부	ぜんせかい[dzeṽsekai] 全世界/전세계
5	そつぎょう[sotsɯgʲo:] 卒業/졸업	おそい[osoi] 遅い/늦다

5.3.2 /s/ → [ɕ]

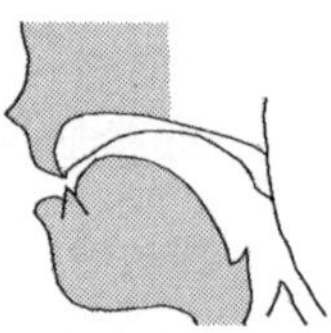
[ɕ]

㉮ 무성 · 치경경구개 · 마찰음(無声 · 歯茎硬口蓋 · 摩擦音, むせい · しけいこうこうがい · まさつおん): 성대가 진동하지 않으며 조음점은 치경과 경구개이다(치경과 경구개에 전설 면이 붙지는 않는다). 조음법은 마찰음이다(치경경구개 부분과 전설 면의 미세한 틈을 빠져 나오며 나는 음이다).

㉯「し」는 [ɕi]로,「しゃ」는 [ɕa]로,「しゅ」는 [ɕɯ]로,「しょ」는 [ɕo]로 표기한다.

㉰「さ, す, せ, そ」의 자음과「し」의 자음을 발음하면서 혀 앞부분의 미세한 움직임, 전설 면과 근접한 부위(치경, 치경경구개), 미세한 틈을 빠져 나가는 음을 비교 인식한다(조음점 확인).

㉱ 간혹 일본어 학습자 중에「し」를「씨」로 발음하는 학생이 있는데 이는 잘못된 발음이다. 그러나 촉음 다음에 오는「し」는「씨」에 가깝게 발음된다.

㉮ ㉮~㉱에 유의하며 무성 · 치경경구개 · 마찰음 [ɕ]가 들어간 단어를 발음해 보자.

☞ **sound 48** 아래의 단어들을 발음해 보자.

No	어두	어중(어말)
1	しお[ɕio] 塩/소금	うし[ɯɕi] 牛/소
2	しゃいん[ɕaiɴ] 社員/사원	れきし[ɾek^{j}iɕi] 歴史/역사
3	しゃくほう[ɕakɯho:] 釈放/석방	かんしゃ[k^{h}aṽɕa] 感謝/감사
4	しゅうい[ɕɯ:i] 周囲/주위	ほうしゅう[ho:ɕɯ:] 報酬/보수
5	しょうかい[ɕo:kai] 紹介/소개	ばしょ[baɕo] 場所/장소

5.3.3 /z/ → [z]

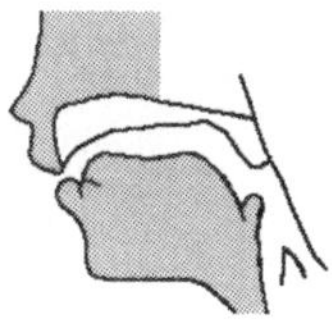

[z]

㉮ 유성 · 치경 · 마찰음(有声 · 歯茎 · 摩擦音, ゆうせい · しけい · まさつおん): 성대가 진동하며 조음점은 치경이다(전설 면이 치경에 붙지는 않는다). 조음법은 마찰음이다(전설 면과 치경의 미세한 틈을 빠져 나오면서 나는 음이다). [z]은 어중에서 나는 음이다. 어두가 아니다.

㉯「ざ」는 [za]로,「ず」는 [zɯ]로,「ぜ」는 [ze]로,「ぞ」는 [zo]로 표기

㉰ 성대에 손바닥을 대고 [z~~~]로 길게 발음하면서 한 손은 성대에 대고(성대가 떨리는지 확인), 전설 면과 근접한 부위(치경)의 미세한 틈을 빠져나가는지 여부를 인식한다(조음점과 조음법을 확인).

㉣ 「ざ」[za], 「ぜ」[ze], 「ぞ」[zo]를 각각 「쟈」, 「제」, 「죠」로 발음하지 않도록 주의한다.

㉤ ㉮~㉣에 유의하며 유성 · 치경 · 마찰음 [z]가 들어간 단어를 발음해 보자.

☞ **sound 49** 아래의 단어들을 발음해 보자.

No	어중(어말)	No	어중(어말)
1	ござる[gozaɾɯ] '있다'의 공손한 말	6	のうぜい[no:ze:] 納税/납세
2	すず[sɯzɯ] 鈴/방울	7	すずめ[sɯzɯme] 雀/참새
3	ごぜん[gozeɴ] 午前/오전	8	とうぜん[tʰo:zeɴ] 当然/당연
4	かぞく[kʰazokɯ] 家族/가족	9	のぞみ[nozomʲi] 望み/바램
5	どうぞう[do:zo:] 銅像/동상	10	おぞうに[ozo:ɲi] お雑煮/일본 떡국

5.3.4 /z/ → [ʑ]

㉮ 유성 · 치경경구개 · 마찰음(有声 · 歯茎硬口蓋 · 摩擦音, ゆうせい · しけいこうこうがい · まさつおん): 성대가 진동하며 조음점은 치경과 경구개이다(치경과 경구개에 전설 면이 붙지는 않는다). 조음법은 마찰음이다(치경경구개 부분과 전설 면의 미세한 틈을 빠져 나오며 나는 음이다). [ʑ]는 어중(어말)에서 나는 음이다. 어두가 아니다.

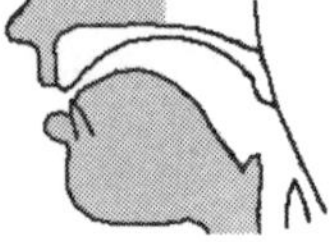

[ʑ]

㉯ 「じ」는 [ʑi]로, 「じゃ」는 [ʑa]로, 「じゅ」는 [ʑɯ]로, 「じょ」는 [ʑo]로 표기한다.「じ」를 [ʒi]로, 「じゃ」를 [ʒa]로, 「じゅ」를 [ʒɯ]로,

「じょ」를 [ʒo]로 표기하기도 한다.

㉰ 성대에 손바닥을 대고「ざ, ず, ぜ, ぞ」와「じ」의 발음을 비교한다. 한 손은 성대에 대고(성대가 모두 떨리는지 확인), 전설 면과 근접한 부위의 차이를 확인(조음점 확인), 전설 면과 근접한 부위(치경과 치경경구개)의 미세한 틈을 빠져나가는지 여부를 인식한다(조음법을 확인).

㉱「じ, じゃ, じゅ, じょ」를 각각「ち, ちゃ, ちゅ, ちょ」로 발음하지 않도록 주의한다(그 역도 마찬가지이다).

㉲ ㉮~㉱에 유의하며 유성 · 치경경구개 · 마찰음 [ʑ]가 들어간 단어를 발음해 보자.

☞ **sound 50** 아래의 단어들을 발음해 보자.

No	어중(어말)	No	어중(어말)
1	しゅじゅつ[ɕɯʑɯtsɯ] 手術/수술	5	くじゃく[kʰɯʑakɯ] 孔雀/공작새
2	おじょうさん[oʑo:saɴ]お嬢さん /아가씨	6	ソーセージ[so:se:ʑi] sausage/소시지
3	おたまじゃくし[otamaʑakɯɕi] お玉じゃくし/올챙이	7	せいじょうか[se:ʑo:ka] 正常化/정상화
4	びじゅつ[bʲiʑɯtsɯ] 美術/미술	8	けいじょう[kʰe:ʑo:] 形状/형상

5.3.5 /z/ → [ʣ]

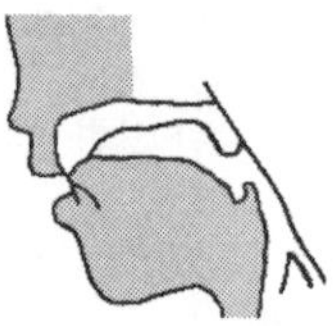

[ʣ]

㉮ 유성 · 치경 · 파찰음(有声 · 歯茎 · 破擦音, ゆうせい · しけい · はさつおん): 성대가 진동하며 조음점은 치경이다. 혀끝을 치경에 대어 [d]를 발음하고 혀끝을 치경에서 뗀 뒤, 거의 동시에 그 빈틈으로 마찰음 [z]를 발음한다. [ʣ]는 어두나「ん」다음에 나는 음이다.

㉯「ざ」는 [ʣa]로,「ず」는 [ʣɯ]로,「ぜ」는 [ʣe]로,「ぞ」는 [ʣo]로 표기한다.

㉰ 성대에 손을 댄 채,「ざせき」[**ʣ**aseki],「ずっと」[**ʣ**ɯtto],「ぜんぜん」[**ʣ**en**ʣ**eɴ]의 강조체 부분을 의식하면서 발음을 한다. 즉 한 손은 성대에 대고 성대가 떨리는지 확인한다. 혀끝이 치경(조음점을 확인)에 닿았다가 떨어지면서 거의 동시에 미세한 틈으로 마찰이 발생하는지를 확인한다(조음법을 확인한다).

㉱「ざ」[ʣa],「ぜ」[ʣe],「ぞ」[ʣo]를 각각「쟈」,「졔」,「죠」나「ちゃ」,「ちぇ」,「ちょ」로 발음하지 않도록 주의한다.

㉲ ㉮~㉱에 유의하며 유성 · 치경 · 파찰음 [ʣ]가 들어간 단어를 발음해 보자.

☞ **sound 51** 아래의 단어들을 발음해 보자.

No	어두	어중(어말)
1	ざいこ[dzaiko] 在庫/재고	かぶきざ[kʰabɯkʲiza] 歌舞伎座/가부키극장
2	ざんげ[dzaŋge] 懺悔/참회	ぎょうざ[gʲo:za] 餃子/만두
3	ずつう[dzɯtsɯ:] 頭痛/두통	ずうずうしい[dzɯ:zɯ:ɕi:] 図々しい/뻔뻔스럽다
4	ぜいたく[dze:takɯ] 贅沢/사치	のうぜい[no:ze:] 納税/ 납세
5	ぞうか[dzo:ka] 増加/증가	こぞう[kʰozo:] 小僧/ 나이 어린 중, 애송이

5.3.6 /z/ → [dʑ]

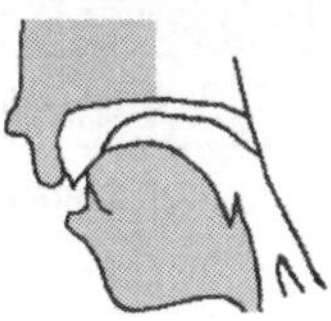

[dʑ]

㉮ 유성 · 치경경구개 · 파찰음(有声 · 歯茎硬口蓋 · 破擦音, ゆうせい · しけいこうこうがい · はさつおん): 성대가 진동하며 조음점은 치경과 경구개이다. 조음법은 파찰이다(파열음과 동시에 치경과 경구개 부분과 전설 면의 미세한 틈을 빠져 나오며 나는 음이다). 즉 혀끝을 치경에 대어 [d]를 발음하고 혀 끝을 치경과 경구개에서 뗀 뒤, 거의 동시에 그 빈틈으로 마찰음 [ʑ]를 발음한다. [dʑ]는 어두나 「ん」 다음에 나는 음이다.

㉯ 어두나 「ん」 다음에 오는 「じ」는 [dʑi]로, 「じゃ」는 [dʑa]로, 「じゅ」는 [dʑɯ]로, 「じょ」는 [dʑo]로 표기한다.

㉰ 성대에 손바닥을 대고 어중의 「ざ, ず, ぜ, ぞ」와 「じ」, 그리고 어두나 「ん」 다음에 오는 「ざ, ず, ぜ, ぞ」와 「じ」 발음을 각각 비교한다. 한 손은 성대에 대고(성대가 떨리는지 확인), 전설 면과 접

촉하는 부위(치경경구개)를 확인(조음점 확인)한다. 전설 면과 근접한 부위(치경과 경구개)의 미세한 틈을 날숨이 빠져나가는지 여부를 인식한다(조음법을 확인).

㉣ 「じ, じゃ, じゅ, じょ」를 각각 「ち, ちゃ, ちゅ, ちょ」로 발음하지 않도록 주의한다(그 역도 마찬가지이다).

㉤ ㉮~㉣에 유의하며 유성 · 치경경구개 · 파찰음 [dʑ]가 들어간 단어를 발음해 보자.

☞ **sound 52** 아래의 단어들을 발음해 보자.

No	어두	어중
1	じゃくしゃ[dʑakuɕa] 弱者/약자	かんじゃ[kʰandʑa] 患者/환자
2	じゃま[dʑama] 邪魔/방해	にんじゃ[ɲindʑa] 忍者/닌자
3	じょうしき[dʑoːɕikʲi] 常識/상식	おじょうさん[ozoːsaɴ] お嬢さん/아가씨
4	じゅうしょ[dʑɯːɕo] 住所/주소	さんじゅう[sandʑɯː] 三十/삼십
5	じかん[dʑikaɴ] 時間/시간	さんじ[sandʑi] 三時/세 시

☞ **sound 53** 아래의 두 단어들을 비교하며 발음해 보자.

No	[tɕ]	[dʑ]
1	ちかく[tɕikakɯ] 知覚/지각	じかく[dʑikakɯ] 自覚/자각
2	ちきゅう[tɕikʲɯː] 地球/지구	じきゅう[dʑikʲɯː] 時給/시급
3	ちゃき[tɕakʲi] 茶器/다기(찻그릇)	じゃき[dʑakʲi] 邪気/악의, 감기
4	ちゅうし[tɕɯːɕi] 中止/중지	じゅうし[dʑɯːɕi] 重視/중시
5	ちじ[tɕiʑi] 知事/지사	じじ[dʑiʑi] 時事/시사
6	ちょうせい[tɕoːseː] 調整/조정	じょうせい[dʑoːseː] 情勢/정세

5.3.7 /h/ → [ɸ]

㉮ 무성・양순・마찰음(無声・両唇・摩擦音, むせい・りょうしん・まさつおん): 성대가 진동하지 않으며 조음점은 양순음이며 조음법은 마찰음이다.

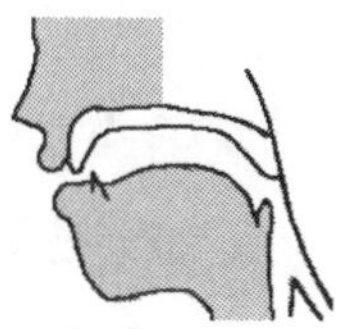

[ɸ]

㉯「ふ」의 자음이며 [ɸɯ]로 표기한다.

㉰ 촛불을 끄듯이 양 입술 사이로 바람을 내면 된다.「ふかふかのふとん」[ɸɯkaɸɯkanoɸɯtoɴ],「ふっふっふ」[ɸɯɸɸɯɸɸɯ]의 [ɸ]를 의식하며 발음해 본다.

㉱「후」가 아니라 입모양을「흐」로 한 상태에서「후」라고 발음한다. 한숨을 쉬듯이 발음해서는 안 된다. 즉「ふ」를 [hɯ]로 발음하지 않도록 유의한다. 촛불을 끄듯이 발음한다. 또한「ななふん」[nanaɸɯɴ]을「ななうん」[nanaɯɴ]으로 발음하지 않도록 유의한다.

㉲ ㉮~㉱에 유의하며 무성・양순・마찰음 [ɸ]가 들어간 단어를 발음해 보자.

☞ **sound 54** 아래의 단어들을 발음해 보자.

No	어두	어중(어말)
1	ふんいき[ɸɯɰ̃ikʲi] 雰囲気/분위기	ななふん[nanaɸɯɴ] 7分/7분
2	ふくむ[ɸɯkumɯ] 含む/포함하다	のうふ[no:ɸɯ] 農夫/농부
3	ふくそう[ɸɯkɯso:] 服装/복장	グラフ[gɯɾaɸɯ] graph/그래프
4	ふゆこ[ɸɯjɯko] 冬子/여자 이름	さいふ[saiɸɯ] 財布/지갑
5	ふうけい[ɸɯ:ke:] 風景/풍경	ふうふ[ɸɯ:ɸɯ] 夫婦/부부

5.3.8 /h/ → [ç]

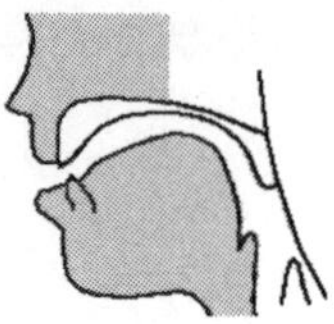

[ç]

㉮ 무성 · 경구개 · 마찰음(無声 · 硬口蓋 · 摩擦音, むせい · こうこうがい · まさつおん): 성대가 진동하지 않으며 조음점은 경구개이다. 조음법은 마찰음이다(전설과 경구개의 미세한 틈을 날숨이 빠져 나오며 나는 음이다).

㉯ 「ひ」는 [çi]로, 「ひゃ」는 [ça]로, 「ひゅ」는 [çɯ]로, 「ひょ」는 [ço]로 표기한다.

㉰ 성대에 손바닥을 대고 「は」[ha] · 「へ」[he] · 「ほ」[ho]와 「ふ」[ɸɯ]와 「ひ」[çi]의 발음을 비교한다. 한 손은 성대에 대고(성대가 떨리는지 확인), 전설과 경구개(조음점)의 느낌을 의식하면서, 전설과 경구개의 미세한 틈을 빠져나가는 것을 인식한다(조음법을 확인).

㉱ 「ひ, ひゃ, ひゅ, ひょ」를 각각 [h^{j}i], [h^{j}a], [h^{j}ɯ], [h^{j}o]로 발음하지 않도록 유의한다. 또한 어중에 오는 예를 들어 「きょひ」[k^{j}oçi]를 [ç]가 탈락된 「きょい」[k^{j}oi]로 발음하지 않도록 한다.

㉲ ㉮~㉱에 유의하며 무성 · 경구개 · 마찰음 [ç]가 들어간 단어를 발음해 보자.

☞ **sound 55** 아래의 단어들을 발음해 보자.

No	어두	어중(어말)
1	ひさみち[çisam^{j}itɕi] 久道/성씨의 하나	きょひ[k^{j}oçi] 拒否/거부
2	ひみつ[çim^{j}itsɯ] 秘密/비밀	まひ[maçi] 痲痺/마비
3	百(ひゃく)パーセント[çakɯpa:sento] 백퍼센트	ななひゃく[nanaçakɯ] 七百/칠백
4	ヒューマニスト[çɯ:maɲisɯto] 휴머니스트	ヒューヒュー[çɯ:çɯ:] 바람이 세게 불 때 나는 소리
5	ひょうおんもじ[ço:ommozi] 表音文字/표음문자	にっていひょう[ɲitte:ço:] 日程表/일정표

5.3.9 /h/ → [h]

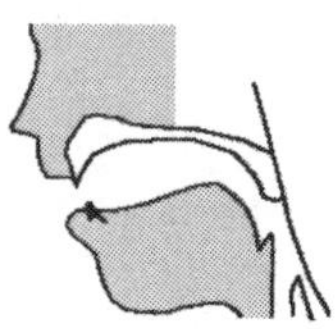

[h]

㉮ 무성 · 성문 · 마찰음(無声 · 声門 · 摩擦音, むせい · せいもん · まさつおん)이다. 성대가 진동하지 않으며 조음점은 성문이다. 조음법은 마찰음이다(성대에 둘러싸인 성문의 미세한 틈을 빠져 나오며 나는 음이다).

㉯ 「は」는 [ha]로, 「へ」는 [he]로, 「ほ」는 [ho]로 표기한다.

㉰ 성대에 손바닥을 대고 「は」[ha] · 「へ」[he] · 「ほ」[ho]와 「ふ」[ɸɯ]와 「ひ」[çi]의 발음을 비교한다. 한 손은 성대에 대고 성대가 떨리는지 확인한다(성대가 떨리면 안 된다). 「は[ha] · へ[he] · ほ[ho]」의 중심이 성문(조음점)에 있는 것을 의식한다. 그다음에는 이들 언어음들이 보이지 않는 성문의 미세한 틈을 빠져나가는 것을 의식한다(조음법).

㉣ 어중에 오는 [h]음을 탈락시켜 발음하지 않도록 한다. 예를 들어 「にほんご」[ɲihoŋgo]를 [h]가 탈락된 「におんご」[ɲioŋgo]로 발음하지 않도록 한다.

㉤ ㉮~㉣에 유의하며 무성 · 성문 · 마찰음 [h]가 들어간 단어를 발음해 보자.

☞ **sound 56** 아래의 단어들을 발음해 보자.

No	어두	어중(어말)
1	はいしゃ[haiɕa] 歯医者/치과의사	ぜんはん[dzeṽhaɴ] 前半/전반
2	ハート[ha:to] heart/하트 ♡	おはよう[ohajo:] お早う/아침인사
3	へいき[he:kʲi] 平気/태연	しへい[ɕihe:] 紙幣/지폐
4	ほいく[hoikɯ] 保育/보육	にほんご[ɲihoŋgo] 日本語/일본어
5	ほうこう[ho:ko:] 方向/방향	ちほう[tɕiho:] 地方/지방

5.4 비음– /m/ /n/

5.4.1 /m/ → [m]

㉮ 유성 · 양순 · 비음(有声 · 両唇 · 鼻音, ゆうせい · りょうしん · びおん): 성대가 진동하며 조음점은 양순이다. 조음법은 비음이다(날숨이 구강이 아닌 비강으로 빠져 나오며 나는 음이다).

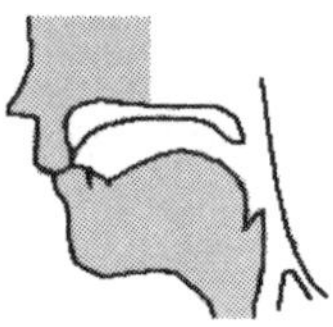

[m]

㉯ 「ま」는 [ma]로, 「む」는 [mɯ]로, 「め」는 [me]로, 「も」는 [mo]로 표기한다.

㉰ [mmmmm]라고 발음하면서 입술을 의식하며(조음점을 확인한다), 성대에 손바닥을 댄다(유성음임을 확인한다). 동시에 다른 손은 코를 잡고 비강이 공명하는지를 확인한다(조음법 확인한다).

㉱ [m]음이 비음임을 확인하기 위해 코가 울리는 것을 느껴본다. [h]음도 코가 울리는지를 발음해 본다.

㉲ ㉮~㉱에 유의하며 유성 · 양순 · 비음 [m]이 들어간 단어를 발음해 보자.

☞ **sound 57** 아래의 단어들을 발음해 보자.

No	어두	어중(어말)
1	まじめ[mazime] 真面目/착실함	うま[ɯma] 馬/말
2	まいにち[maiɲitɕi] 毎日/매일	うまい[ɯmai] 맛있다, 능숙하다
3	むすこ[mɯsɯko] 息子/아들	かむ[k^hamɯ] 噛む/물다, 씹다
4	めいよ[me:jo] 名誉/명예	ゆうめい[jɯ:me:] 有名/유명
5	もうちょう[mo:tɕo:] 盲腸/맹장	おくりもの[okɯɾ^{j}imono] 贈り物/선물

5.4.2 /m/ → [m^j]

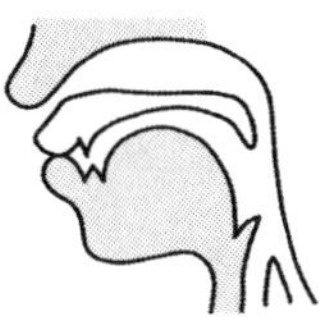

[m^j]

㉮ 유성 · 양순 · 경구개 · 비음(有声 · 両唇 · 硬口蓋 · 鼻音, ゆうせい · りょうしん · こうこうがい · びおん · びおん): 성대가 진동하며 조음점은 양순이며 전설 면이 경구개 쪽을 향한

다. 조음법은 비음이다(날숨이 구강이 아닌 비강으로 빠져 나오며 나는 음이다).

㉯ 「み」는 [m^{j}i]로, 「みゃ」는 [m^{j}a]로, 「みゅ」는 [m^{j}ɯ]로, 「みょ」는 [m^{j}o]로 표기한다.

㉰ [m^{j}m^{j}m^{j}m^{j}m^j]라고 발음하면서 입술과 전설이 향하는 부위를 의식하며(조음점을 확인한다), 성대에 손바닥을 댄다(유성음임을 확인한다). 동시에 다른 손은 비강이 공명하는지를 확인한다.

㉱ [m^j]음이 비음임을 확인하기 위해 코를 잡고 발음한다. 코를 잡고 [m^j]와 [h]음을 발음하고 그 차이를 인식한다.

㉲ ㉮~㉱에 유의하며 유성 · 양순경구개 · 비음 [m^j]이 들어간 단어를 발음해 보자.

☞ **sound 58** 아래의 단어들을 발음해 보자.

No	어두	어중(어말)
1	みどり[m^{j}idoɾ^{j}i] 緑/초록	ひとみ [çitom^{j}i] 瞳/눈동자
2	ミュージアム[m^{j}ɯ:ʑiamɯ] 박물관	カミュ[k^{h}am^{j}ɯ] camus/프랑스 소설가
3	みゃく[m^{j}akɯ] 脈/맥	どうみゃく[do:m^{j}akɯ] 動脈/동맥
4	みょうじ[m^{j}o:ʑi] 名字/성	びみょう[b^{j}im^{j}o:] 微妙/미묘
5	ミュージカル[m^{j}ɯ:ʑikaɾɯ] musical/뮤지컬	シミュレーション[ɕim^{j}ɯɾe:ɕoɴ] 시뮬레이션

5.4.3 /n/ → [n]

㉮ 유성 · 치경 · 비음(有声 · 歯茎 · 鼻音, ゆうせい · しけい · びおん): 성대가 진동하며 조음점은 치경이다. 조음법은 비음이다(날숨이 구강이 아닌 비강으로 빠져 나오며 나는 음이다).

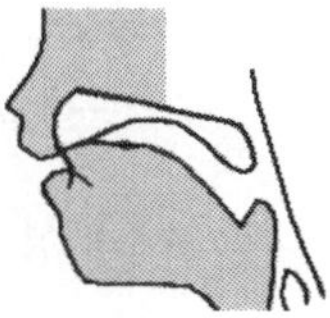

[n]

㉯「な」는 [na]로,「ぬ」는 [nɯ]로,「ね」는 [ne]로,「の」는 [no]로 표기

㉰ [nnnnnn]라고 발음하면서 혀가 치경에 닿는지를 의식하며(조음점을 확인한다), 성대에 손바닥을 댄다(유성음임을 확인한다). 동시에 다른 손은 코를 쥐고 비강이 공명하는지를 확인한다(조음법을 확인한다).

㉱ [n]음이 비음임을 확인하기 위해 코를 잡고 발음한다. 코를 잡고 [n]음과 [p]음을 발음해 본다.

㉲ ㉮~㉱에 유의하며 유성 · 치경 · 비음 [n]이 들어간 단어를 발음해 보자.

☞ **sound 59** 아래의 단어들을 발음해 보자.

No	어두	어중(어말)
1	ないしょ[naiɕo] 内緒/비밀	あんない[annai] 案内/안내
2	ないよう[naijo:] 内容/내용	ねんない[nennai] 年内 /연내
3	ぬぐう[nɯgɯ:] 拭う/닦다	もちぬし[motɕinɯɕi] 持ち主/소유자
4	ねだん[nedaɴ] 値段/가격	かね[kʰane] 金/돈
5	のぞむ[nozomɯ] 望む/바라다	ずのう[dzɯno:] 頭脳/두뇌

5.4.4 /n/ → [ɲ]

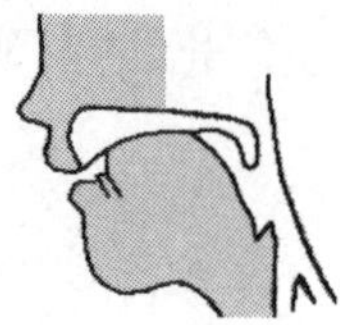

[ɲ]

㉮ 유성·치경경구개·비음(有声·歯茎硬口蓋·鼻音, ゆうせい·しけいこうこうがい·びおん): 성대가 진동하며 조음점은 치경경구개이며 조음법은 비음이다(날숨이 구강이 아닌 비강으로 빠져 나오며 나는 음).

㉯「に」는 [ɲi]로,「にゃ」는 [ɲa]로,「にゅ」는 [ɲɯ]로,「にょ」는 [ɲo]로 표기한다.

㉰「な·ぬ·ね·の」와「に·にゃ·にゅ·にょ」를 발음하면서 조음점의 차이를 확인한다.

㉱ [ɲ]음이 비음임을 확인하기 위해 코를 잡고 발음해 본다. [ɲ]음과 [k]음을 발음하면서 그 차이를 인식한다.

㉲ ㉮~㉱에 유의하며 유성·치경경구개·비음 [ɲ]이 들어간 단어를 발음해 보자.

☞ **sound 60** 아래의 단어들을 발음해 보자.

No	어두	어중(어말)
1	にんげん[ɲiŋgeɴ] 人間/인간	あに[aɲi] 兄/형, 오빠
2	にもつ[ɲimotsɯ] 荷物/짐	まさに[masaɲi] 正に/실로, 바로
3	ニャーニャー[ɲa:ɲa:] 야옹야옹	すずかぜにゃんこ[sɯzɯkazeɲaŋko] 연예인 이름
4	にゅうじょう[ɲɯ:ʑo:] 入場/입장	しんにゅう[ɕiɲɲɯ:] 侵入/침입
5	にょうぼう[ɲo:bo:] 女房/마누라	とうにょう[tʰo:ɲo:] 糖尿/당뇨

5.5 탄설음– /r/

이 절에서는 탄설음 /r/이 구체적으로 실현된 언어음 [ɾ]과 [ɾʲ]에 대해 살펴본다.

5.5.1 /r/ → [ɾ]

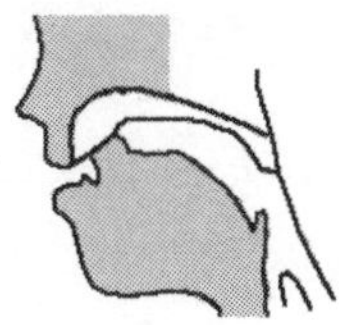

[ɾ]

㉮ 유성 · 치경 · 탄설음(有声 · 歯茎 · 弾き音, ゆうせい · しけい · はじきおん): 성대가 진동하며 조음점은 치경이다. 조음법은 탄설음이다(치경에 혀를 한번만 두드린다).

㉯ 「ら」는 [ɾa]로, 「る」는 [ɾɯ]로, 「れ」는 [ɾe]로, 「ろ」는 [ɾo]로 표기.

㉰ [ɾɾɾɾɾɾɾɾɾ]라고 발음하면서 혀가 치경을 두드리는 상태를 의식한다(조음점과 조음법을 확인한다).

㉱ [l]음으로 발음하지 않도록 유의한다. 예를 들어 「からだ(体)」[kʰaɾada]를 [kʰalada]로, 「ある」[aɾɯ]를 [alɯ]로 발음하지 않도록 한다. 그런데 일본의 유명 가수 桑田佳祐를 비롯하여 많은 가수들이 [ɾ]을 [l]로 발음해서 노래를 부르는 것을 볼 수 있는데 정상적인 음은 아니다.

㉲ ㉮~㉱에 유의하며 유성 · 치경 · 탄설음 [ɾ]이 들어간 단어를 발음해 보자.

☞ **sound 61** 아래의 단어들을 발음해 보자.

No	어두	어중
1	らっかん[ɾakkaɴ] 楽観/낙관	ほんらい[honɾai] 本来/본래
2	ラベンダー[ɾabenda:] lavender/라벤다	いらい[iɾai] 依頼/의뢰
3	るす[ɾɯsɯ] 留守/부재	あかるい[akaɾɯi] 明るい/밝다
4	れきし[ɾekʲiɕi] 歴史/역사	きれいだ[kʲiɾe:da] 綺麗だ/예쁘다, 깨끗하다
5	ろんし[ɾoṽɕi] 論旨/논지	かげろう[kʰageɾo:] 蜻蛉/아지랭이

5.5.2 /r/ → [ɾʲ]

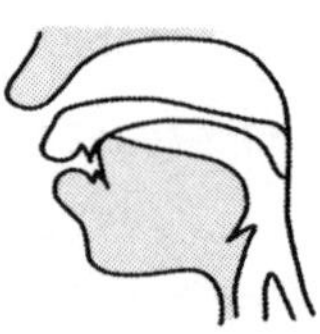

[ɾʲ]

㉮ 유성 · 치경경구개 · 탄설음(有声 · 歯茎硬口蓋 · 弾き音, ゆうせい · しけいこうこうがい · はじきおん) 성대가 진동하며 조음점은 치경경구개이며 조음법은 탄설음이다(치경경구개에 혀를 한번만 두드린다).

㉯「り」는 [ɾʲi]로,「りゃ」는 [ɾʲa]로,「りゅ」는 [ɾʲɯ]로,「りょ」는 [ɾʲo]로 표기한다.

㉰「ら · る · れ · ろ」와「り · りゃ · りゅ · りょ」를 발음하면서 조음점의 차이를 확인한다.

㉱ [ɾʲ]음을 [lʲ]음으로 발음하지 않도록 유의한다.

㉲ ㉮~㉱에 유의하며 유성 · 치경경구개 · 탄설음 [ɾʲ]이 들어간 단어를 발음해 보자.

☞ **sound 62** 아래의 단어들을 발음해 보자.

No	어두	어중(어말)
1	りえき[ɾʲiekʲi] 利益/이익	むり[muɾʲi] 無理/ 무리
2	りゃくしょう[ɾʲakuɕo:] 略称/약칭	かんりゃく[kʰanɾʲakɯ] 簡略/ 간략
3	りゅうぐう[ɾʲɯ:gɯ:] 竜宮/용궁	きょうりゅう[kʲo:ɾʲɯ:] 恐竜/ 공룡
4	りょうり[ɾʲo:ɾʲi] 料理/요리	かんりょう[kʰanɾʲo:] 完了/ 완료
5	リボン[ɾʲiboɴ] ribon/리본	おにぎり[oɲigʲiɾʲi] お握り/ 주먹밥

5.6 반모음

이 절에서는 반모음 /j/가 구체적으로 실현된 언어음 [j]과 /w/가 구체적으로 실현된 언어음 [w]에 대해 살펴보도록 하겠다.

5.6.1 /j/ → [j]

㉮ 유성・경구개・반모음(有声・硬口蓋・半母音, ゆうせい・こうこうがい・はんぼいん): 성대가 진동하며, 전설 면이 경구개를 향해 솟아오른다.

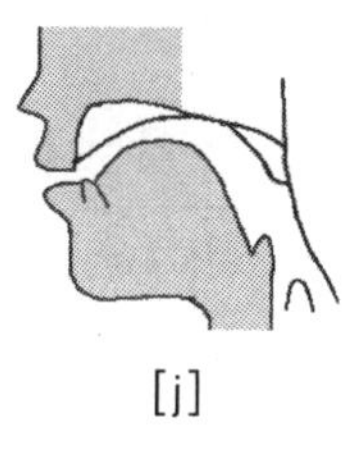

[j]

㉯ 「や」[ja],「ゆ」[jɯ],「よ」[jo]의 반모음이다.

㉰ 「や」[ja],「ゆ」[jɯ],「よ」[jo]를 각각 「や」[ija],「ゆ」[ijɯ],「よ」[ijo]로 발음하지 않도록 유의한다.

㉣ ㉮~㉰에 유의하며 유성 · 경구개 · 반모음「や」[ja],「ゆ」[jɯ],「よ」[jo]가 들어간 단어를 발음해 보자.

☞ **sound 63** 반모음 [j]가 들어간 단어들을 발음해 보자.

No	반모음 [j]가 들어간 단어	No	반모음 [j]가 들어간 단어
1	やま[jama] 山/산	6	やくそく[jakɯsokɯ] 約束/약속
2	ゆめ[jɯme] 夢/꿈	7	じゆう[dʑijɯː] 自由/자유
3	よわい[jowai] 弱い/약하다	8	やきゅう[jakʲɯː] 野球/야구
4	ゆかい[jɯkai] 愉快/유쾌	9	おゆ[ojɯ] お湯/뜨거운 물
5	よる[joɾɯ] 夜/밤	10	せいようじん[seːjoːʑiɴ] 西洋人/서양인

5.6.2 /w/ → [w]

㉮ 유성 · 양순 · 연구개 · 반모음(有声 · 両唇 · 軟口蓋 · 半母音, ゆうせい · りょうしん · なんこうがい · はんぼいん): 성대가 진동하며, 윗입술과 아랫입술을 사용한다(양 입술이 붙지는 않는다).

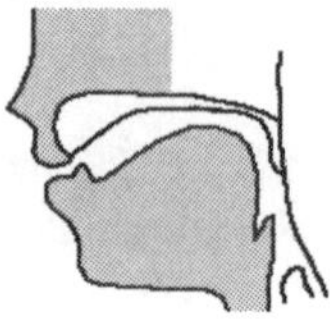

[w]

㉯「わ」[wa]의 반모음이다.「わ」[wa]의 발음 시, 입술을 오므리거나 내밀지 않은 상태에서 발음을 한다. 또한「わ」[wa]를 [ɯwa]로 발음하지 않도록 주의한다.

㉰ ㉮~㉰에 유의하며 유성 · 양순 · 연구개 · 반모음「わ」[wa]가 들어간 단어를 발음해 보자.

☞ **sound 64** 반모음 [w]가 들어간 단어들을 발음해 보자.

No	반모음 [w]가 들어간 단어	No	반모음 [w]가 들어간 단어
1	わかい[wakai] 若い/젊다	6	わかもの[wakamono] 若者/젊은이, 청년
2	ワクワク[wakɯwakɯ] 두근두근	7	われもの[waɾemono] 割れ物/깨지기 쉬운 물건
3	かわいい[kʰawaiː] 可愛い/귀엽다	8	ウェディング[wediŋgɯ] wedding/웨딩
4	わだい[wadai] 話題/화제	9	ウォッチ[wotɕtɕi] watch/시계
5	ウイスキー[wɯisɯkʲiː] whisky/위스키	10	わっかない[wakkanai] 稚内/일본의 지명

5.7 촉음 /Q/

이 절에서는 촉음 /Q/가 구체적으로 실현된 음 [p], [t], [k], [s], [ɕ], [h], [ɸ], [ç], [b], [d], [g]에 대해 살펴보고자 한다. [p], [t], [k], [s], [ɕ], [h], [ɸ], [ç], [b], [d], [g]의 음들은 촉음 /Q/의 조건변이음들이며 상보분포를 이룬다. 1박의 길이를 지니지만, 단독으로 발음할 수는 없다.

5.7.1 /Q/ → [p]

㉮ 무성·양순·폐쇄·지속음(無声·両唇·閉鎖·持続音, むせい·りょうしん·へいさ·じぞくおん): 성대가 진동하지 않으며 조음점은 양순이다. 날숨을 폐쇄하고 다른 히라가나 한 길이(박)만큼 지속한다. ☞いっぱい[ippai]

㉯ 촉음 [p]는 후속하는 「ぱ, ぷ, ぺ, ぽ」와 「ぴ, ぴゃ, ぴゅ, ぴょ」의 자음에 동화된 음이다. 촉음은 단독으로 발음할 수 없다.

㉰ 한국인은 촉음 발음을 무시하는 경향이 있다. 「いぱい」로 발음하지 않도록 유의한다. 또는 촉음을 단순히 받침으로 생각하여 한 번에 발음하려는 경향이 있다. 「いっぱい」[ippai]를 「입빠이」로 발음하지 말고 「이입빠이」로 생각하면서 발음해 보자.

㉱ 촉음 뒤에 오는 「ぱ, ぷ, ぺ, ぽ」의 자음과 「ぴ, ぴゃ, ぴゅ, ぴょ」의 자음은 거의 「ㅃ」[pʻ]에 가깝게 발음한다.

㉲ ㉮~㉱에 유의하며 무성 · 양순 · 폐쇄 · 지속음 [p]가 들어간 단어를 발음해 보자.

☞ **sound 65** 아래의 단어들을 발음해 보자.

No	어중	No	어중
1	はっぱ[happʻa] 葉っぱ/나뭇잎	6	ろっぴゃく[ɾoppʲakɯ] 六百/6백
2	はっぴき[happʲʻikʲi] 八匹/여덟마리	7	コップ[kʰoppʻɯ] cup/컵
3	カップラーメン[kʰappʻɯɾa:meɴ] 컵라면	8	はっぴょう[happʲo:] 発表/발표
4	ほっぺた[hoppʻeta] 頬っぺた/뺨	9	いっぱん[ippʻaɴ] 一般/일반
5	しっぽ[ɕippʻo] 尻尾/꼬리	10	かっぱ [kʰappʻa] 河童/갓파(요괴의 일종)

5.7.2 /Q/ → [t]

㉮ 무성 · 치경 · 폐쇄 · 지속음(無声 · 歯茎 · 閉鎖 · 持続音, むせい · しけい · へいさ · じぞくおん): 성대가 진동하지 않으며 조음

점은 치경이다. 날숨을 폐쇄하고 다른 히라가나 한 길이(박)만큼 지속한다. ☞きって[kitte]

㉯ 촉음 [t]는 후속하는 「た, つ, て, と」와 「ち, ちゃ, ちゅ, ちょ」 자음에 동화된 음이다. 촉음은 단독으로 발음할 수 없다.

㉰ 한국인은 촉음 발음을 무시하는 경향이 있다. 「きって」[kitte]를 「きて」[kite]로 발음하지 않도록 유의한다. 또는 촉음을 단순히 받침으로 생각하여 한 번에 발음하려는 경향이 있다. 「ねったい」[nettai]를 「넷따이」로 발음하지 말고 「네엣따이」로 생각하면서 발음해 보자.

㉱ 촉음 뒤에 오는 「た, て, と」의 자음은 「ㄸ」에, 「つ」의 자음은 「ㅉ」, 「ち, ちゃ, ちゅ, ちょ」의 자음은 거의 「찌」에 가깝게 발음한다.

㉲ ㉮~㉱에 유의하며 무성 · 치경 · 폐쇄 · 지속음 [t]가 들어간 단어를 발음해 보자.

☞ **sound 66** 아래의 단어들을 발음해 보자.

No	어중	No	어중
1	いったい[itt‘ai] 一体/도대체	6	はっちゃく[hattɕ‘akɯ] 発着/발착(출발과 도착)
2	きって[kʰitt‘e] 切手/우표	7	しょっちゅう[ɕottɕ‘ɯ:] 늘, 항상
3	はってん[hatt‘eɴ] 発展/발전	8	えいようしっちょう[e:jo:ɕittɕ‘o:] 栄養失調/영양실조
4	ふっとう[ɸɯtt‘o:] 沸騰/비등	9	おっと[ott‘o] 夫/남편
5	みっつ[mittsɯ] 三つ/셋, 세개	10	カット[kʰatt‘o] cut/컷

☞ **sound 67** 아래의 두 단어들을 비교하며 발음해 보자.

No	[tt]	[t]
1	ねったい[nett‘ai] 熱帯/열대	ねたい[netai] 寝たい/자고 싶다
2	いっとう[itt‘o:] 一等/일등	いとう[ito:] 伊藤/일본인 성
3	いった[itt‘a] 言った/말했다	いた[ita] 板/판자
4	かった[k^hatt‘a] 買った/샀다	かた[k^hata] 肩/어깨
5	こっとう[k^hott‘o:] 骨董/골동	ことう[k^hoto:] 孤島/외로운 섬

5.7.3 /Q/ → [k]

㉮ 무성 · 연구개 · 폐쇄 · 지속음(無声 · 軟口蓋 · 閉鎖 · 持続音, むせい · なんこうがい · へいさ · じぞくおん): 성대가 진동하지 않으며 조음점은 연구개이다. 날숨을 폐쇄하고 다른 히라가나 한 길이(박)만큼 지속한다. ☞「いっかい」[ikkai]

㉯ 촉음 [k]는「か, く, け, こ」와「き, きゃ, きゅ, きょ」의 자음에 동화된 음이다. 촉음은 단독으로 발음할 수 없다.

㉰ 한국인은 촉음 발음을 무시하는 경향이 있다.「いっかい」[ikkai]를「いかい」[ikai]로 발음하지 않도록 유의한다. 또는 촉음을 단순히 받침으로 생각하여 한 번에 발음하려는 경향이 있다.「いっかい」[ikkai]를「익까이」로 발음하지 말고「이익까이」로 생각하면서 발음해 보자.

㉱ 촉음 뒤에 오는「か, く, け, こ」와「き, きゃ, きゅ, きょ」의 자음은 거의「ㄲ」[k‘]에 가깝게 발음한다.

㉮ ㉮~㉱에 유의하며 무성 · 연구개 · 폐쇄 · 지속음 [k]가 들어간 단어를 발음해 보자.

☞ **sound 68** 아래의 단어들을 발음해 보자.

No	어중	No	어중
1	いっかい[ikk‘ai] 一階/1층	6	けっきょく[kʰekʲok‘ɯ] 結局/ 결국
2	かっき[kʰakkʲi] 活気/활기	7	がっこう[gakk‘o:] 学校/학교
3	せっきょくてき[sekkʲokɯtekʲi] 積極的/적극적	8	こっき[kʰokkʲi] 克己/극기
4	おっかける[okk‘akerɯ] 追っかける/뒤쫒다	9	せっけん[sekk‘eɴ] 石鹸/비누
5	しっけい[ɕikk‘e:] 失敬/실례	10	サッカー[sakk‘a:] soccer/ 축구

☞ **sound 69** 아래의 두 단어들을 비교하며 발음해 보자.

No	[kk]	[k]
1	あっか[akk‘a] 悪化/악화	あか[aka] 赤/빨강
2	かっき[kʰakkʲi] 活気/활기	かき[kʰakʲi] 柿/감
3	げっこう[gekk‘o:] 月光/월광	げこう[geko:] 下校/하교
4	かっこ[kʰakk‘o] 確固/확고	かこ[kʰako] 過去/과거
5	しっかく[ɕikk‘akɯ] 失格/실격	しかく[ɕikakɯ] 視覚/시각
6	せっき[sekkʲi] 石器/석기	せき[sekʲi] 席/좌석
7	はっけん[hakk‘eɴ] 発見/발견	はけん[hakeɴ] 派遣/파견
8	しっこう[ɕikk‘o:] 執行/집행	しこう[ɕiko:] 指向/지향

5.7.4 /Q/ → [s]

㉮ 무성 · 치경 · 마찰 · 지속음(無声 · 歯茎 · 摩擦 · 持続音, むせい · しけい · まさつ · じぞくおん): 성대가 진동하지 않으며 조음점은 치경이다(치경과 전설 면이 거의 근접). 다른 히라가나 한 길이(박)만큼 지속한다. ☞「いっさつ」[issatsɯ]

㉯ 촉음 [s]는 후속하는「さ, す, せ, そ」자음에 동화된 음이다. 촉음 [s]는 단독으로 발음할 수 없다.

㉰ 한국인은 촉음 발음을 무시하는 경향이 있다.「いっさつ」[issatsɯ]를「いさつ」[isatsɯ]로 발음하지 않도록 유의한다. 또한 촉음을 단순히 받침으로 생각하여 한 번에 발음하려는 경향이 있다.「いっさつ」[issatsɯ]를「잇싸츠」로 발음하지 말고「이잇싸츠」로 생각하면서 발음해 보자.

㉱ 촉음 뒤에 오는「さ」[sa],「す」[sɯ],「せ」[se],「そ」[so]의 자음은 거의 [s‘]에 가깝게 발음된다.

㉲ ㉮~㉱에 유의하며 무성 · 치경 · 마찰 · 지속음 [s]가 들어간 단어를 발음해 보자.

☞ **sound 70** 아래의 단어들을 발음해 보자.

No	어중	No	어중
1	けっさん[kʰessʻaɴ] 決算/결산	6	けっせき[kʰessʻekʲi] 欠席/결석
2	しゅっさん[ɕɯssʻaɴ] 出産/출산	7	かっそうろ[kʰassʻo:ɾo] 滑走路/활주로
3	レッスン[ɾessʻɯɴ] lesson/레슨	8	いっさい[issʻai] 一切/일절
4	いっすんぼうし[issʻɯmbo:ɕi] 一寸法師 /お伽草子의 주인공, 난쟁이	9	じっせき[dʑissʻekʲi] 実績/실적
5	けっそう[kʰessʻo:] 血相/안색	10	いっそのこと[issʻonokoto] 부사 차라리

☞ **sound 71** 아래의 두 단어들을 비교하며 발음해 보자.

No	[ss]	[s]
1	はっせい[hassʻe:] 発生/발생	はせい[hase:] 派生/파생
2	いっせき[issʻekʲi] 一隻/한 척	いせき[isekʲi] 遺跡/유적
3	かっさい[kʰassʻai] 喝采/갈채	かさい[kʰasai] 火災/화재
4	いっそ[issʻo] 부사 차라리	いそ[iso] 磯/강가의 자갈밭
5	じっすう[dʑissʻɯ:] 実数/실제 수	じすう[dʑisɯ:] 時数/시수

5.7.5 /Q/ → [ɕ]

㉮ 무성 · 치경경구개 · 마찰 · 지속음(無声 · 歯茎硬口蓋 · 摩擦 · 持続音, むせい · しけいこうこうがい · まさつ · じぞくおん): 성대가 진동하지 않으며 조음점은 치경경구개이다(치경경구개와 전설면이 거의 근접한다). 다른 히라가나 한 길이(박)만큼 지속한다. ☞「けっしん」[keɕɕiɴ]

㉯ 촉음 [ɕ]는「し, しゃ, しゅ, しょ」자음에 동화된 음이다. 촉음 [ɕ]

는 단독으로 발음할 수 없다.

㉰ 한국인은 촉음 발음을 무시하는 경향이 있다.「けっしん」[k^heɕɕiɴ]을「けしん」[k^heɕiɴ]으로 발음하지 않도록 유의한다. 또한 촉음 [ɕ]를 단순히 받침으로 생각하여 한 번에 발음하려는 경향이 있다.「けっしん」[k^heɕɕiɴ]을「겟씽」으로 발음하지 말고「게엣씽」으로 생각하면서 발음해 보자.

㉱ 촉음 뒤에 오는「し,しゃ,しゅ,しょ」의 자음은 거의 [ɕʻ]에 가깝게 발음된다.

㉲ ㉮~㉱에 유의하며 무성 · 치경경구개 · 마찰 · 지속음 [ɕ]가 들어간 단어를 발음해 보자.

☞ **sound 72** 아래의 단어들을 발음해 보자.

No	어중	No	어중
1	けっしん[k^heɕɕʻiɴ] 決心/결심	6	いっしゅうかん[iɕɕʻɯ:kaɴ] 一週間/일주일
2	れっしゃ[ɾeɕɕʻa] 列車/열차	7	みっしゅう[m^{j}iɕɕʻɯ:] 密集/밀집
3	いっしょうけんめい[iɕɕʻo:kemme:] 一生懸命/열심히	8	じっしゅう[dʑiɕɕʻɯ:] 実習/실습
4	はっしゃ[haɕɕʻa] 発射/발사	9	がっしょうだん[gaɕɕʻo:daɴ] 合唱団/합창단
5	いっしゅん[iɕɕʻɯɴ] 一瞬/일순간	10	ねっしん[neɕɕʻiɴ] 熱心/열심

☞ **sound 73** 아래의 두 단어들을 비교하며 발음해 보자.

No	[ɕɕ]	[ɕ]
1	あっし[aɕɕʽi] 圧死/압사	あし[aɕi] 足/다리/발
2	にっし[ɲiɕɕʽi] 日誌/일지	にし[ɲiɕi] 西/서쪽
3	けっして[kʰeɕɕʽite] 決して/ 부사 결코	けして[kʰeɕite] 消して/지우고, 지워줘
4	とっしん[tʰoɕɕʽiɴ] 突進/돌진	としん[tʰoɕiɴ] 都心/도심
5	ぶっし[bɯɕɕʽi] 物資/물자	ぶし[bɯɕi] 武士/무사
6	がっしょう[gaɕɕʽo:] 合唱/합창	がしょう[gaɕo:] 雅称/아칭

5.7.6 /Q/ → [h] [ɸ] [ç]

㉮ - 촉음 [h]는 무성・성문・마찰・지속음(無声・声門・摩擦・持続音, むせい・せいもん・まさつ・じぞくおん)이다.

- 촉음 [ɸ]는 무성・양순・마찰・지속음(無声・両唇・摩擦・持続音, むせい・りょうしん・まさつ・じぞくおん)이다.

- 촉음 [ç]는 무성・경구개・마찰・지속음(無声・硬口蓋・摩擦・持続音, むせい・こうこうがい・まさつ・じぞくおん)이다.

㉯ - 촉음 [h]는 후속하는「は, へ, ほ」자음에 동화된 음이다. 촉음 [h]는 단독으로 발음할 수 없다.

- 촉음 [ɸ]는 후속하는「フ[ɸɯ], ファ[ɸa], フィ[ɸi], フェ[ɸe]」의 자음에 동화된 음이다. 촉음 [ɸ]는 단독으로 발음할 수 없다.

- 촉음 [ç]는 후속하는「ひ[çi], ひゃ[ça], ひゅ[çɯ], ひょ[ço]」의 자음에 동화된 음이다. 촉음 [ç]는 단독으로 발음할 수 없다.

㉰「マッハ」[mahha]는「마핳하」로,「ハインリッヒ」[hainɾʲiççi]는

「하이인리히횡히」로, 「ワッフル」[waɸɸɯɾɯ]는 「와하황후루」로 여기며 발음한다.

㉱ ㉮~㉰에 유의하며 무성 · 성문 · 마찰 · 지속음 [h], 무성 · 양순 · 마찰 · 지속음 [ɸ], 무성 · 경구개 · 마찰 · 지속음 [ç]가 들어간 단어를 발음해 보자.

☞ **sound 74** 아래의 단어들을 발음해 보자.

No	어중	No	어중
1	マッハ[mahha] 마하(음속의 단위)	6	ビュッフェ[bʲɯɸɸe] 뷔페
2	ケッヘル[kʰehheɾɯ] 모차르트 음악 목록집	7	ワッフル[waɸɸɯɾɯ] 와플
3	ウホッホたんけんたい[ɯhohhotaŋkentai] ウホッホ探検隊, 와호호 탐험대	8	イッヒロマン[iççiɾomaɴ] 1인칭 소설
4	バッハ[bahha] 바흐(서양음악가)	9	コッヘル[kʰohheɾɯ] kocher/ 등산용 취사도구
5	ハインリッヒ[hainɾʲiççi] 하인리히	10	ゴッホ[gohho] 고흐(화가)

5.7.7 /Q/ → [b] [d] [g]

㉮ - 촉음 [b]는 유성 · 양순 · 폐쇄 · 지속음(有声 · 両唇 · 閉鎖 · 持続音, ゆうせい · りょうしん · へいさ · じぞくおん)이다.

- 촉음 [d]는 유성 · 치경 · 폐쇄 · 지속음(有声 · 歯茎 · 閉鎖 · 持続音, ゆうせい · しけい · へいさ · じぞくおん)이다.

- 촉음 [g]는 유성 · 연구개 · 폐쇄 · 지속음(有声 · 軟口蓋 · 閉鎖 · 持続音, ゆうせい · なんこうがい · へいさ · じぞくおん)이다.

㉯ - 촉음 [b]는 후속하는「ば,び,ぶ,べ,ぼ」자음에 동화된 음이다. 촉음 [b]는 단독으로 발음할 수 없다.

- 촉음 [d]는 후속하는「だ,で,ど」의 자음과,「じ,ず,ぜ,ぞ」의 자음에 동화된 음이다. 촉음 [d]는 단독으로 발음할 수 없다.

- 촉음 [g]는 후속하는「が,ぎ,ぐ,げ,ご」의 자음에 동화된 음이다. 촉음 [g]는 단독으로 발음할 수 없다.

㉰「キッド」[kʰiddo]는「기이읻도」로,「すっばらしい」[sɯbbaɾaɕi:]는「수우웁바라시이」로,「ホットドッグ」[hottodoggɯ]는「호오옫도도오옥구」로 여기며 발음한다.

㉱ ㉮~㉰에 유의하며 유성·양순·폐쇄·지속음 [b], 유성·치경·폐쇄·지속음 [d], 유성·연구개·폐쇄·지속음 [g]가 들어간 단어를 발음해 보자.

☞ **sound 75** 아래의 단어들을 발음해 보자.

No	어중	No	어중
1	すっばらしい[sɯbbaɾaɕi:] すばらしい의 강조형	6	ジャッジ [dʑaʑʑi] judge/심판, 판정
2	キッド[kʰiddo] kids/염소새끼	7	ロッジ [ɾoʑʑi] lodge/간이숙박소
3	パッド[pʰaddo] pad/패드	8	グッド[gɯddo] good/좋음, 우수함
4	ドッジボール[doʑʑibo:ɾɯ] dodge ball/도지 볼	9	バッド[baddo] bad/나쁨
5	ホットドッグ[hottodoggɯ] hot dog 핫도그	10	ひっどい[çiddoi] ひどい의 강조형

5.8 발음 /ɴ/

이 절에서는 발음 /ɴ/이 구체적으로 실현된 [m], [n], [ɲ], [ŋ], [ɴ], [ṽ]에 대해서 살펴보도록 하겠다. [m], [n], [ɲ], [ŋ], [ɴ], [ṽ]은 발음 /ɴ/의 조건변이음이며 상보분포를 이룬다. [m], [n], [ɲ], [ŋ], [ɴ], [ṽ]은 1박의 길이를 지니지만, 단독으로 발음할 수는 없다.

5.8.1 /ɴ/ → [m]

㉮ 유성 · 양순 · 비음(有声 · 両唇 · 鼻音, ゆうせい · りょうしん · びおん): 성대가 진동하며 조음점은 양순음이다(윗입술과 아랫입술이 붙는다). 날숨이 비강을 공명하는 방식으로 발음된다(조음법). [m]을 다른 히라가나 한 길이(박)만큼 지속한다.
☞「ハンマー」[hamma:]

㉯ 발음(撥音) [m]은 후속하는「ま, み, む, め, も」·「ば, び, ぶ, べ, ぼ」·「ぱ, ぴ, ぷ, ぺ, ぽ」자음에 동화된 음이다. 발음(撥音) [m]은 단독으로 발음할 수 없다.

㉰ 한국인은 발음(撥音)을 단순히「ㅁ」받침으로 생각하여 한 번에 발음하려는 경향이 있다.「さんま」[samma]를「삼마」로 발음하지 말고「사암마」로 여기면서 발음해 보자.

㉱ ㉮~㉰에 유의하며 유성 · 양순 · 비음 [m]이 들어간 단어를 발음해 보자.

☞ **sound 76** 아래의 단어들을 발음해 보자.

No	어중	No	어중
1	とんぼ[tʰombo] 蜻蛉/잠자리	6	かんびょう[kʰambʲo:] 看病/간병
2	ぐんまけん[gɯmmakeɴ] 群馬県/군마현	7	ざんまい[dzammai] 三昧/삼매
3	さんぽ[sampo] 散歩/산책	8	さんま[samma] 꽁치
4	こんばん[kʰombaɴ] 今晩/오늘밤	9	さんび[sambʲi] 賛美/찬미
5	うんめい[ɯmme:] 運命/운명	10	おんぷ[ompɯ] 音符/음표

☞ **sound 77** 아래의 두 단어들을 비교하며 발음해 보자.

No	[기호 없음]	[m]
1	さま[sama] 様/모습, 꼴	さんま [samma] 秋刀魚/꽁치
2	じぶつ[dʑibɯtsɯ] 事物/사물	じんぶつ[dʑimbɯtsɯ] 人物/인물
3	しぶん[ɕibɯɴ] 詩文/시문	しんぶん[ɕimbɯɴ] 新聞/신문
4	ふまん[ɸɯmaɴ] 不満/불만	ふんまん[ɸɯmmaɴ] 憤懣/울분, 분만
5	ひめい[çime:] 悲鳴/비명	ひんめい[çimme:] 品名/품명
6	はもん[hamoɴ] 破門/파문	はんもん[hammoɴ] 反問/반문
7	だぼう[dabo:] 打棒/야구)배트로 공치기	だんぼう[dambo:] 暖房/난방

5.8.2 /ɴ/ → [n]

㉮ 유성 · 치경 · 비음(有声 · 歯茎 · 鼻音, ゆうせい · しけい · びおん): 성대가 진동하며 조음점은 치경이다. 날숨이 비강을 공명하는 방식으로 발음한다(조음법). [n]을 다른 히라가나 한 길이(박)만큼 지속한다. ☞ かんな[kan̲na]

㉯ 발음(撥音) [n]은 후속하는「な, ぬ, ね, の」·「た, ち, つ, て, と」·

「だ, で, ど」·「ざ, じ, ず, ぜ, ぞ」·「ら, り, る, れ, ろ」의 자음에 동화된 음이다. 발음(撥音) [n]은 단독으로 발음할 수 없다.

㉰ 한국인은 발음(撥音)을 단순히 「ㄴ」 받침으로 생각하여 한 번에 발음하려는 경향이 있다. 「かんな」[kʰanna]를 「칸나」로 발음하지 말고 「카안나」로 여기면서 발음해 보자.

㉱ ㉮~㉰에 유의하며 유성 · 치경 · 비음 [n]이 들어간 단어를 발음해 보자.

☞ **sound 78** 아래의 단어들을 발음해 보자.

No	어중	No	어중
1	はんざい[handzai] 犯罪/범죄	6	おんな[onna] 女/여자
2	かんな[kʰanna] 대패	7	けんり[kʰenɾʲi] 権利/권리
3	ぶんつう[bɯntsɯː] 文通/펜팔	8	はんたい[hantai] 反対/반대
4	がんらい[ganɾai] 元来/원래	9	きんちょう[kʲintɕoː] 緊張/긴장
5	おんち[ontɕi] 音痴/음치	10	げんりょう[genɾʲoː] 減量/감량

☞ **sound 79** 아래의 두 단어들을 비교하며 발음해 보자.

No	[n] 없음	[n]
1	あな[ana] 穴/구멍	あんな[anna] 연체사 저러한, 저런
2	いち[itɕi] 位置/위치	インチ[intɕi] inch/인치(길이의 단위)
3	かたい[kʰatai] 硬い/단단하다	かんたい[kʰantai] 艦隊/함대
4	かだい[kʰadai] 課題/과제	かんだい[kʰandai] 寛大/관대
5	こな[kʰona] 粉/가루	こんな[kʰonna] 연체사 이러한, 이런
6	さち[satɕi] 幸/행복, 자연의 산물	さんち[santɕi] 産地/산지
7	いど[ido] 井戸/우물	インド[indo] India/인도

5.8.3 /ɴ/ → [ɲ]

㉮ 유성 · 치경경구개 · 비음(有声 · 歯茎硬口蓋 · 鼻音, ゆうせい · しけいこうこうがい · びおん): 성대가 진동하며 조음점은 치경경구개이다. 날숨이 비강을 공명하는 방식으로 발음한다(조음법). [ɲ]을 다른 가나 한 길이(박)만큼 지속한다.

☞「カンニング」[kaɲɲiŋgɯ]

㉯ 발음(撥音) [ɲ]은 후속하는「に, にゃ, にゅ, にょ」자음에 동화된 음이다. 발음(撥音) [ɲ]은 단독으로 발음할 수 없다.

㉰ 한국인은 발음(撥音)을 단순히「ㄴ」받침으로 생각하여 한 번에 발음하려는 경향이 있다.「こんにち」[kʰoɲɲitɕi]를「곤니찌」로 발음하지 말고「고온니찌」로 여기면서 발음해 보자.

㉱ ㉮~㉰에 유의하며 유성 · 치경경구개 · 비음 [ɲ]이 들어간 단어를 발음해 보자.

☞ **sound 80** 아래의 단어들을 발음해 보자.

No	어중	No	어중
1	はんにゃしんぎょう[haɲɲaɕiŋgʲo:] 般若心経/반야심경(불교경전)	6	カンニング[kʰaɲɲiŋgɯ] 컨닝
2	こんにち[kʰoɲɲitɕi] 今日 금일, 오늘	7	ランニング[ɾaɲɲiŋgɯ] 러닝
3	きんにくマン[kʲiɲɲikɯmaɴ] 筋肉マン/근육맨	8	しんにゅうしゃいん[ɕiɲɲɯ:ɕaiɴ] 新入社員/신입사원
4	こんにゃく[kʰoɲɲakɯ] 蒟蒻/곤약	9	ふんにょう[ɸɯɲɲo:] 糞尿/분뇨
5	たんにんきょうし[tʰaɲɲiŋkʲo:ɕi] 担任教師/담임교사	10	にんにく[ɲiɲɲikɯ] 大蒜/마늘

☞ **sound 81** 아래의 두 단어들을 비교하며 발음해 보자.

No	[발음 ん 없음]	[ɲ]
1	たにん [tʰaɲiɴ] 他人/타인	たんにん[tʰaɲɲiɴ] 担任/담임
2	コニャック[kʰoɲakɯ] cognac/꼬냑	コンニャク[kʰoɲɲakɯ] 蒟蒻/곤약, 구약나물

5.8.4 /ɴ/ → [ŋ]

㉮ 유성 · 연구개 · 비음(有声 · 軟口蓋 · 鼻音, ゆうせい · なんこうがい · びおん): 성대가 진동하며 조음점은 연구개이다(후설이 연구개에 근접한다). 날숨이 비강을 공명하는 방식으로 발음된다(조음법). [ŋ]을 다른 히라가나 한 길이(박)만큼 지속한다.

☞「かんこく」[kʰaŋkokɯ]

㉯ 발음(撥音) [ŋ]은 후속하는「か, き, く, け, こ」·「が, ぎ, ぐ, げ, ご」자음에 동화된 음이다. 발음(撥音) [ŋ]은 단독으로 발음할 수 없다.

㉰ 한국인은 발음(撥音)을 단순히「ㅇ」받침으로 생각하여 한 번에 발음하려는 경향이 있다.「かんこく」[kʰaŋkokɯ]를「강꼬꾸」로 발음하지 말고「가앙꼬쿠」로 여기면서 발음해 보자.

㉱ ㉮~㉰에 유의하며 유성 · 연구개 · 비음 [ŋ]이 들어간 단어를 발음해 보자.

☞ **sound 82** 아래의 단어들을 발음해 보자.

No	어중	No	어중
1	かんこく[kʰaŋkokɯ] 韓国/한국	6	けんかい[kʰeŋkai] 見解/견해
2	げんき[geŋkʲi] 元気/건강	7	かんこうち[kʰaŋko:tɕi] 観光地/관광지
3	にんぎょう[ɲiŋgʲo:] 人形/인형	8	がんこ[gaŋko] 頑固/완고
4	はんげき[haŋgekʲi] 反撃/반격	9	まんが[maŋga] 漫画/만화
5	おんきょう[oŋkʲo:] 音響/음향	10	たんきゅう[tʰaŋkʲɯ:] 探求/탐구

☞ **sound 83** 아래의 두 단어들을 비교하며 발음해 보자.

No	[발음 기호 없음]	[ŋ]
1	かこく[kʰakokɯ] 過酷/가혹	かんこく[kʰaŋkokɯ] 勧告/권고
2	かき[kʰakʲi] 柿/감	かんき[kʰaŋkʲi] 歓喜/환희
3	げき[gekʲi] 劇/극	げんき[geŋkʲi] 元気/건강
4	さか[saka] 坂/비탈	さんか[saŋka] 参加/참가
5	かげき[kʰagekʲi] 過激/과격	かんげき[kʰaŋgekʲi] 感激/감격
6	ぎこう[gʲiko:] 技巧/기교	ぎんこう[gʲiŋko:] 銀行/은행

5.8.5 /ɴ/ → [ɴ]

㉮ 유성 · 구개수 · 비음(有声 · 口蓋垂 · 鼻音, ゆうせい · こうがいすい · びおん): 성대가 진동하며 조음점은 목젖이다. 날숨이 목젖을 거쳐 비강으로 들어가 공명하는 방식으로 발음한다(조음법). [ɴ]을 다른 히라가나 한 길이(박)만큼 지속한다.

☞「ほん」[hoɴ]

㉯ 발음(撥音)이 어말에 올 때 나는 음이다. 단독으로 발음할 수 없다.

㉰ 한국인은 발음(撥音) [ɴ]이 들어간 단어, 예를 들어 「ほん」[hoɴ]을 단순히 「혼」으로, 혹은 「홍」으로 발음하는 경향이 있다. 「혼」으로 발음하면 발음의 조음점은 치경이다, 「홍」으로 발음하면 발음의 조음점이 연구개이다. 「ほん」[hoɴ]의 [ɴ]은 조음점이 그보다 더 깊은 목젖이다. 목젖 부위를 의식하면서 발음해 보자.

㉱ 목젖을 의식하면서 「ほん」[hoɴ]을 「호옹」으로 발음해 보자.

㉲ ㉮~㉱에 유의하며 유성 · 구개수 · 비음 [ɴ]이 들어간 단어를 발음해 보자.

☞ **sound 84** 아래의 단어들을 발음해 보자.

No	어말	No	어말
1	ほん[hoɴ] 本/책	6	けっこん[k^{h}ekkoɴ] 結婚/결혼
2	ありません[aɾ^{j}imaseɴ] 없습니다	7	きっさてん[k^{h}issateɴ] 喫茶店/커피숍
3	アンパンマン[ampammaɴ] 호빵맨	8	パン[paɴ] 빵
4	ばいきんマン[baik^{j}immaɴ] ばい菌マン/ 세균맨	9	せんえん[seṽeɴ] 千円/천엔
5	にほん[ɲihoɴ] 日本/일본	10	ごふん[goɸɯɴ] 5分/5분

5.8.6 /ɴ/ → [ṽ]

㉮ [ṽ]음은 발음 /ɴ/을 비모음화(鼻母音化)한 것이다: 즉 [ṽ]은 비강을 통해서 발음해야 한다. 예를 들어 「ほんや」[hoṽja]에서 [ho]를 발음한 뒤, 바로 「ん」[ṽ]을 코에 거는 느낌으로 발음한다. 다른 가나 길이(박)만큼 지속한다. 즉 한 박으로 인정해서 발음한다.

㉯ 모음「あ, い, う, え, お」· 반모음「や, ゆ, よ, わ」·「さ, す, せ, そ」의 자음(무성치경마찰음)」·「し, しゃ, しゅ, しょ」의 자음(무성치경경구개마찰음),「は, へ, ほ」의 자음(무성성문마찰음), 경구개마찰음 [ç], 양순마찰음 [ɸ] 앞에 오는 /ɴ/은 모두 [ṽ]으로 발음된다. 발음 [ṽ]는 단독으로 발음할 수 없다.

㉰ 한국인은 [ṽ]을 예를 들어「せんえん」[seṽeɴ]을 단순히 '센엔'으로, 혹은 '셍엔'으로 한 번에 발음하려는 경향이 있다.「せんえん」[seṽeɴ]을 '세에에엥'으로 늘여 밑줄 친 부분의 모음을 비모음화한다.

㉱ ㉮~㉰에 유의하며 발음 [ṽ]가 들어간 단어를 발음해 보자.

☞ **sound 85** 아래의 단어들을 발음해 보자.

No	어중	No	어중
1	しんあい[ɕiṽai] 親愛/친애	6	さんわ[saṽwa] 三和/삼화(기업명)
2	げんおん[geṽoɴ] 原音/원음	7	せんうん[seṽɯɴ] 戦雲/전운
3	おんいん[oṽiɴ] 音韻/음운	8	ほんや[hoṽja] 本屋/서점
4	ぱんや[pʰaṽja] パン屋/빵집	9	だんわ[daṽwa] 談話/담화
5	とくさんひん[tʰokɯsaṽçiɴ] 特産品/특산품	10	はっせんえん[hasseṽeɴ] 八千円/8천엔

☞ **sound 86** 아래의 두 단어들을 비교하며 발음해 보자.

No	[ṽ] 없음	[ṽ]
1	けさ[kʰesa] 今朝/오늘 아침	けんさ[kʰeṽsa] 検査/검사
2	かわ[kʰawa] 川/강	かんわ[kʰaṽwa] 緩和/완화
3	あい[ai] 愛/사랑	あんい[aṽi] 安易/안이
4	ぶし[bɯɕi] 武士/무사	ぶんし[bɯṽɕi] 分子/분자
5	にい[ɲii] 二位/2위	にんい[ɲiṽi] 任意/임의

제2부

일본어 악센트 · 인토네이션 · 프로미넨스 · 포즈 · 리듬

제6장 일본어 악센트의 이해와 실제

〈제6장의 키워드〉

6.1 악센트의 정의와 언어별 악센트의 유형

6.1.1 악센트란 무엇인가?

6.1.2 언어별 악센트의 유형

6.2 악센트의 단위와 기능

6.2.1 의미 구별의 기능

6.2.2 통사(문법) 구별의 기능

6.3 악센트의 핵과 악센트의 폭포

6.4 악센트의 표기법

6.5 악센트의 식과 형

6.5.1 평판식–평판형

6.5.2 기복식–두고형, 중고형, 미고형

6.6 악센트와 노래

6.7 도쿄어(도쿄방언) 악센트의 특징

6.8 악센트의 실제

6.8.1 명사 악센트의 실제

6.8.2 동사 악센트의 실제

6.8.3 형용사 악센트의 실제

6.9 악센트핵의 이동과 변화

6.10 악센트의 지역차

6.11 요약

〈제6장의 키워드〉

악센트(アクセント), 악센트의 단위(アクセントの単位), 강약악센트(強弱アクセント), 고저악센트(高さアクセント), 무악센트(無アクセント), 악센트의 기능(アクセントの機能), 의미 구별의 기능(意味区別の機能), 동음이의어(同音異義語), 통사 구별의 기능(統語区別の機能), 악센트핵(アクセント核), 악센트의 폭포(アクセントの滝), 악센트의 표기법(アクセントの表記法), 악센트의 식과 형(アクセントの式と型), 평판식(平板式), 평판형(平板型), 기복식(起伏式), 두고형(頭高型), 중고형(中高型), 미고형(尾高型), 악센트와 노래(アクセントと歌), 도쿄어 악센트의 특징(東京語のアクセントの特徴), 악센트의 실제(アクセントの実際), 명사 악센트의 실제(名詞アクセントの実際), 동사 악센트의 실제(動詞アクセントの実際), 형용사 악센트의 실제(形容詞アクセントの実際), 악센트핵의 이동과 변화(アクセント核の移動と変化), 악센트의 지역차(アクセントの地域差)

6.1 악센트의 정의와 언어별 악센트의 유형

이 절에서는 악센트의 정의, 악센트의 단위와 기능 등등에 대해서 살펴보고자 한다.

6.1.1 악센트란 무엇인가?

악센트(accent)란 단어의 특정 부분을 고저(高低), 강약(强弱), 장단(長短) 등의 방식으로 발음하는 것을 말한다. 악센트는 개인이 마음대로 사용하는 것이 아니라 사회 구성원들에 의해서 관습화된 것이다. 예를 들어 일본어(도쿄방언)에서는 「はし」[haɕi]가 「젓가락(箸)」의 의미를 나타낼 때는 첫 번째 박을 높게, 두 번째 박을 낮게 발음한다. 반면에 「다리(橋)」의 의미를 나타낼 때는 첫 번째 박을 낮게, 두 번째 박을 높게 발음한다. 따라서 일본어를 고저악센트 언어라고 한다.

영어에서는 예를 들어 record가 명사일 때는 **re** · cord로 **re**부분을 강하게 발음하며, 동사일 때는 re · **cord**로 cord 부분을 강하게 발음한다. 따라서 영어를 강약악센트 언어라고 한다.

한국어는 무악센트 언어라고 일컬어지고 있지만, 경상도방언과 함경도방언은 고저악센트와 강약악센트의 특징을 공유한다. 예를 들어 부산방언에서는 「예수님」을 ○●○이라고 발음한다(○은 낮게 ●은 높게 발음한다는 의미이다). 대구방언에서는 「예수님」을 ●○○이라고 발음한다. 「사회(社会)」를 대구방언에서는 ●○, 부산방언에서는 ○●라고 발음한다. 또한 대구방언의 화자들은 「e^e, e^2, 2^e, 2^2」를 읽을 때, 본능적으로 발음의 강약을 제각각 다르게 배치하여 발음을 한다. 즉「e^e」는「**이**의 **이**승」,「e^2」는「**이**의 이승」,「2^e」는「이의 **이**승」,「2^2」는「이의 이승」이라고 발음한다. 강조체 부분은 강하게 읽는다는 뜻이다.

6.1.2 언어별 악센트의 유형

지구상에 존재하는 언어음을 발음할 때 발생하는 악센트의 유형을 분류하면 크게 고저악센트 언어(pitch accent language), 강약악센트 언어(stress accent language), 고저악센트+강약악센트 언어, 무악센트 언어(unaccented language)로 나눌 수 있다. 고저악센트 언어란 앞에서 언급한 일본어와 같이 특정 단어를 구성하는 박의 높낮이로 단어의 의미를 구별하는 언어를 말한다. 강약악센트 언어는 예를 들어 영어와 같이 단어를 구성하는 특정 음 부분을 강약으로 단어의 의미를 구별하는 언어를 말한다. 고저악센트+강약악센트 언어는 고저악센트와 강약악센트의 특징을 공유하는 언어이며, 무악센트 언어란 단어의 의미 구별에 악센트를 이용하지 않는 언어를 말한다. 한국어 중에서 서울·경기방언에서는 악센트가 의미 구별을 위해 사용되지 않는다. 일본어에서는 이바라키현(茨城県), 미야기현(宮城県), 후쿠이시(福井市), 규슈북서부(九州北西部)~남동부(南東部) 지역에 걸쳐 무악센트 언어(방언)가 존재한다. 이하, 각 악센트 유형별로 몇 몇 외국어를 제시하면 다음과 같다.

〈악센트 유형별 언어〉

▷ 고저악센트 언어-일본어, 한국어(경상도방언, 함경도방언), 미얀마어, 스웨덴어, 리투아니아어…
▷ 강약악센트 언어-영어, 스페인어, 러시아어, 스페인어…
▷ 고저악센트+강약악센트 언어-태국어, 베트남어, 한국어(경상도방언), 중국어…
▷ 무악센트 언어-한국어(서울, 경기, 충청, 황해방언), 일본어(센다이 방언), 프랑스어…

6.2 악센트의 단위와 기능

악센트는 단어 레벨에 적용되는 개념이다. 악센트의 기능은 크게 두 가지로 나뉘는데, 하나는 의미를 구별하는 기능이며, 다른 하나는 문법을 구별하는 기능이다.

6.2.1 의미 구별의 기능

동일한 히라가나로 표기된 단어라도 특정한 박을 높게 발음하느냐, 혹은 낮게 발음하느냐에 따라 단어의 의미가 달라진다. 다음의 〈표 15〉는 단어(조사 포함)를 구성하는 박의 어느 부분을 높게 발음하느냐, 낮게 발음하느냐에 따라 의미가 달라지는 것을 극명하게 보여준다(●표시는 높게, ○표시는 낮게 발음한다는 의미이다. 그리고 조사 부분은 삼각형으로 표시되는데, ▷표시는 낮게, ▶표시는 높게 발음한다는 의미이다).

〈표15〉 악센트에 의한 의미 변화[9]

유형 →	●○▷	○●▷	○●▶
[akʲiga]	あきが (秋が, 가을이)	あきが (飽きが, 싫증이)	あきが (空きが, 빈곳이)
[kʰakʲiga]	かきが (牡蠣が, 굴이)	かきが (垣が, 울타리가)	かきが (柿が, 감이)
유형 →	●○○▷	○●○▷	○●●▶(▷)
[sato:ga]	さとうが (佐藤(성)が, 사토가)	さとうが (砂糖が, 사탕이)	さとうが(▶) (左党が, 술꾼이)
[çigaɕiga]	ひがしが (東(성)が, 히가시가)	ひがしが (干菓子が, 건과자가)	ひがしが (▷) (東(방향)が, 동쪽이)

그렇다고 모든 단어(동음이의어)의 의미가 악센트 높낮이의 차이에 따라 구별되는 것은 아니다. 악센트의 높낮이가 같아도 의미가 다른 단어가 많이 있다. 이러한 경우, 문맥에 의해 단어의 의미가 구별된다.

예1) せいかぎょう[se:kagʲo:] → 製菓業(제과업), 青果業(청과업), 生花業(생화업), 製靴業(제화업)

예2) かわ[kʰawa] → 川(강)/皮(가죽), ほこり[hokoɾi] → 誇り(긍지)/埃り(먼지), かくりつ[kʰakuɾitsɯ] → 確立(확립)/確率(확률)

9) 이마다 시게코(今田滋子, 1992:96-99)에서 인용하였다. 순서와 표기는 본 저자의 방식을 따랐다.

6.2.2 통사(문법) 구별의 기능

문장을 구성하는 단어에 주어진 악센트를 넣어 발음함으로써 문법을 구별하기도 한다.[10)]

☞ **sound 87**

㉮ カネオクレ タノム

a. ○●○●● ○●○

(金送れ、頼む / 돈 좀 부쳐줘, 부탁해)

b. ○●○●●● ●○

(金遅れた、飲む / (젠장, 또) 돈이 안 들어 왔네, (에이 속상해) 마셔야겠어)

c. ○●●○●● ●○

(金をくれた、飲む / (누군가가) 돈을 (내게) 줬어, 한잔 마셔야겠어)

☞ **sound 88**

㉯ ニワニワ ニワトリガ イル

a. ○●●○ ●○○●▶ ○●

(庭には二羽鳥がいる)

b. ○●●○ ○●●●▶ ○●

(庭には鶏がいる)

---

10) ㉮의 예는 이마다 시게코(今田滋子, 1992:98)에서 인용하였다. 한국어 번역은 본 저자가 한 것임. ㉯의 예는 민광준(2008:179)에서 인용하였다.

6.3 악센트의 핵과 악센트의 폭포

일본어 공통어(도쿄방언)의 악센트는 높았다가 낮아지는 법은 있어도 낮아졌다가 다시 높아지는 법이 없다. 이는 물이 높은 데에서 낮은 데로 떨어지지만, 반대로 낮은 데에서 높은 데로 올라가지 않는 것과 같은 이치이다. 악센트의 위치가 높은 박에서 낮은 박으로 떨어지기 직전의 박에 악센트의 핵(アクセントの核, accent nucleus)이 있다고 하며, 높은 박에서 낮은 박으로 옮겨가는 중간 부분을 악센트의 폭포(アクセントの滝, accent waterfall)이라고 한다.

〈악센트의 핵과 폭포〉

たか̅い	うつくし̅い
↓	↓
악센트핵	악센트핵

악센트 핵은 ‘⌝’ 외에도 たか'い와 うつくし'い에서 보듯 특정 박에 따옴표를 표기하거나 앞에서 이미 본 ●(고), ○(저)로 표기하거나, 또는 H(high), L(law) 등으로 표기한다. 자세히는 6.4절을 참조할 것.

6.4 악센트의 표기법

6.3절에서 이미 언급한 것처럼 악센트를 표기하는 방법이 한 가지만 있는 것은 아니다. 다음과 같이 다양한 표기 방식이 존재한다.[11)]

〈표16〉 악센트의 표기 방식

メロン	お肉	刺し身	うどん
メ 　ロン	ニ オ　ク	シミ サ	ドン ウ
① 　②-③	② ①　③	②-③ ①	②-③ ①
HLL	LHL	LHH	LHH
●○○	○●○	○●●	○●●
メ⌉ロン	オ⌉ニ⌉ク	サ⌉シミ	ウ⌉ドン
メロン	オニク	サシミ	ウドン
メ⌉ロン	オニ⌉ク	サシミ⌉	ウドン
メ⌉ロン	オニ⌉ク	サシミ⌉	ウドン
1型 (①)	2型 (②)	3型 (③)	0型 (⓪)
-3型	-2型	-1型	0型

위의 표기 방식을 보면 히라가나와 숫자의 위치를 달리 해서 악센트의 높낮이를 표기하는 것, 알파벳으로 악센트의 높낮이를 표시하는 것(H는 high의 두문자, L은 law의 두문자이다), 동그라미(●○)로 표

11) 마쓰자키 히로시(松崎寛)・가와노 도시유키(河野俊之, 2002:40)에서 인용하였다.

시하는 것(본서에서는 악센트 표시로 주로 동그라미를 사용함), ˥로 표시하는 것, 1型(①)이나 –1型 등으로 사용하는 것이 있다. 위의 표에는 없지만 특정 박에 따옴표(ˈ)가 사용되기도 한다. 모두 동일한 메시지를 나타내는데, 표기 방식이 다를 뿐이다. 1型(①)이 의미하는 바는 악센트의 핵이 첫째 박에 있다는 것이다. 그리고 –3型이 의미하는 바는 악센트의 핵이 오른 쪽 끝에서 세 번째에 있다는 것이다. 그런데 「さしみ(刺身)」와 「うどん」은 악센트형이 거의 동일해 보이는데, 각각 3型(③)과 –1型, 0型(◎)과 0型으로 표시되어 있다. 그러면 0型(◎)과 0型이 의미하는 바는 무엇일까? 6.8.1절을 보면 「さしみ(刺身)」는 미고형(尾高型, 어말 부분에 악센트 형이 놓여진 형)이며, 「うどん」은 평판형(平板型, 앞 박의 악센트 핵이 떨어지는 일이 없이 그대로 유지되는 형)이다(6.5절 참조). 미고형은 악센트 핵이 작용한 것으로 보는 반면에, 평판형은 악센트의 핵이 작용하지 않은 것으로 간주한다. 따라서 평판형에 악센트의 핵이 존재하지 않는다는 의미로 0型(◎)과 0型으로 표기되는 것이다.

6.5 악센트의 식과 형

악센트의 식에는 평판식과 기복식이 있으며, 평판식에는 평판형, 기복식에는 두고형, 중고형, 미고형이 있다. 이하의 절에서는 이들 악센트 식과 형에 대해서 살펴보도록 하겠다.

6.5.1 평판식-평판형

평판식은 악센트의 내리막(下がり目)이 없다. 평판식에는 평판형 하나만 있다. 조사가 이어져도 악센트가 내려가지 않고 앞 박 악센트 그대로 유지된다.

〈평판형의 유형〉: ○●▶, ○●●▶, ○●●●▶

〈평판형의 예(상세하게는 6.8절을 참조)〉 :

○▶	○●▶	○●●▶
ひが(日が, 해가),	とりが(鳥が, 새가),	さくらが(桜が, 벚꽃이)

6.5.2 기복식-두고형, 중고형, 미고형

기복식은 악센트의 내리막이 있는 식이다. 첫 번째 박(모라, mora)만이 높은 것을 두고형(頭高型, あたまだかがた)이라고 하며, 특정한 박의 전후가 낮고, 그 사이의 특정한 박이 높은 것을 중고형(中高型)이라고 한다. 마지막으로 첫 박은 낮고, 그다음 박부터 악센트가 높아지다가 조사에서 악센트가 낮아지는 것을 미고형(尾高型, おだかがた)이라고 한다. 조사에서 악센트가 높이 유지되면 평판형, 유지되지 않고 낮아지면 미고형이 된다.

〈기복식의 유형〉

두고형 ●○▷, ●○○▷, ●○○○▷

중고형 ○●○▷, ○●●○▷, ○●○○▷

미고형 ○●▷, ○●●▷

〈기복식의 예(상세하게는 6.8절을 참조)〉

두고형	●○▷ はしが(箸が, 젓가락이)	●○○▷ なみだが(涙が, 눈물이)
중고형	○●○▷ こころが(心が, 마음이)	○●○○▷ そよかぜが(そよ風が, 실랑바람이)
미고형	○●▷ はしが(橋が, 다리가)	○●●▷ あたまが(頭が, 머리가)

6.6 악센트와 노래

그런데 여기에서 한 가지 궁금한 것이 있다. 6.5절에서 본 것처럼 일본어 악센트에는 평판식과 기복식이 있으며, 나아가 기복식에는 두고형, 중고형, 미고형이 있는데, 과연 가사의 악센트가 곡의 멜로디에도 그대로 반영되느냐 하는 것이다. 즉 작곡가는 과연 가사에 나오는 특정한 단어의 악센트에 맞춰서 멜로디를 작곡하느냐는 것이다. 아래의 악보를 살펴보자.[12)]

다섯 번째 마디와 여섯 번째 마디의 3절 가사 「けむりをはいて」는

12) 汽車ポッポ의 악보는 汽車ポッポ【F】http://bunbun.boo.jp/okera/w_osana-go/kisha_poppo.htm 〈2019.03.09.〉에서 인용하였다.

“연기를 내뿜고”라는 뜻이다. 「はいて」 멜로디의 높낮이를 보면 높낮이가 동일한 것을 볼 수 있다. 작곡자가 「はいて(●○○)」의 악센트를 고려하였더라면 「は」부분의 멜로디를 높게 잡았어야 했는데, 높낮이를 평평하게 잡았기 때문에 「履いて, (신발을) 신고)」의 의미가 되어 버린다. 어른들은 이러한 악센트의 위반이 일어나도 문맥에 의거하여 가사의 뜻을 바로 잡을 수 있겠지만, 죠하쿠타로(城生佰太郎, 1992:126)는 어린 시절 이 동요를 들으면서 기차는 신발뿐만 아니라 연기도 신을 수 있다고 생각하였다고 한다. 이와 같이 단어의 악센트와 곡의 멜로디가 일치하는지를 염두에 두고 일본 동요나 엔카(演歌), J-pop 등을 들으면 듣는 재미가 매우 쏠쏠할 것이다.

6.7 도쿄어(도쿄방언) 악센트의 특징

우리가 배우는 일본어는 공통어인 도쿄어이다. 도쿄어는 방언의 관점에서 보면 도쿄방언인 셈이다. 따라서 외국인의 관점에서 보면 일본어=도쿄어=도쿄방언인 셈이 된다. 이하에서는 도쿄어로 통일하여 도쿄어 악센트의 특징을 제시한다.

① 첫째 박과 둘째 박은 반드시 높낮이(고저)의 위치 관계가 다르다.

	○●●	●○○	○●○
ex)	わたし	なみだ	あなた

② 한번 낮아진 박의 악센트가 다시 높아지는 경우는 없다.

ex1) ●○●(×) ○●○●(×)

	●○○	○●○○	○●●○
ex2)	いのち	むらさき	かんごふ

③ 마지막 박의 악센트가 높은 경우, 조사의 악센트가 같은 높이로 연결되는 경우와, 낮게 연결되는 경우가 있다. ☞ 6.5절 참조

	○●●●▶	○●●●▶
ex)	えんとつが	ぎんこうが (평판형)
	○●●●▷	○●●●▷
	いもうとが	おとうとが (미고형)

6.8 악센트의 실제

이 절에서는 명사, 동사, 형용사 악센트 식과 형을 구체적인 예를 들어 가며 설명한다. 악센트 식을 암기할 필요는 없고, 각 유형에 맞춰 악센트 감각을 길러본다는 취지로 여러 번 반복해서 발음을 하였으면 한다.

6.8.1 명사 악센트의 실제

이하, 명사 악센트의 유형과 실제를 살펴보도록 하자.

〈표17〉 명사의 악센트 유형[13)]

식	박수 형	1박	2박	3박	4박	5박
기복식	두고형	●▷ えが 絵が	●○▷ はしが 箸が	●○○▷ メロンが melonが	●○○○▷ ドーナツが donutsが	●○○○○▷ どちらさまが どちら様が
기복식	중고형1			○●○▷ おにくが お肉が	○●●○▷ みそしるが 味噌汁が	○●●●○▷ にほんじんが 日本人が
기복식	중고형2				○●○○▷ ステーキが stakeが	○●●○○▷ ばんごはんが 晩ご飯が
기복식	미고형		○●▷ はしが 橋が	○●●▷ さしみが 刺身が	○●●●▷ いもうとが 妹が	○●●●●▷ あんないしょが 案内書が
평판식	평판형	○▶ えが 柄が	○●▶ はしが 端が	○●●▶ うどんが	○●●●▶ やきにくが 焼肉が	○●●●●▶ あかんぼうが 赤ん坊が

13) 1박에서 4박까지 예는 마쓰자키 히로시(松崎寛) · 가와노 도시유키(河野俊之, 2002:44)에서 인용하였다. 악센트 표시는 본 저자의 방식을 따랐다. 5박의 예는 민광준(2008:186)에서 인용하였다.

6.8.2 동사 악센트의 실제

이하, 동사의 악센트 유형과 실제 발음을 살펴보도록 하자. 우선 평판형부터 살펴보면 다음과 같다.

〈표18〉 평판형 동사 활용의 악센트[14)]

박	기본형	~ない	~て	~ながら	~ば	~う(よう)
2박어	○● きる 着る	○●● きない 着ない	○● きて 着て	○●●● きながら 着ながら	○●○ きれば 着れば	○●○ きよう 着よう
	○● きく 聞く	○●●● きかない 聞かない	○●● きいて 聞いて	○●●●● ききながら 聞きながら	○●○ きけば 聞けば	○●○ きこう 聞こう
3박어	○●● きめる 決める	○●●● きめない 決めない	○●● きめて 決めて	○●●●● きめながら 決めながら	○●●○ きめれば 決めれば	○●●○ きめよう 決めよう
	○●● あらう 洗う	○●●●● あらわない 洗わない	○●●● あらって 洗って	○●●●●● あらいながら 洗いながら	○●●○ あらえば 洗えば	○●●○ あらおう 洗おう
4박어	○●●● くらべる 比べる	○●●●● くらべない 比べない	○●●● くらべて 比べて	○●●●●● くらべながら 比べながら	○●●●○ くらべれば 比べれば	○●●●○ くらべよう 比べよう
	○●●● はたらく 働く	○●●●●● はたらかない 働かない	○●●●● はたらいて 働いて	○●●●●●● はたらきながら 働きながら	○●●●○ はたらけば 働けば	○●●●○ はたらこう 働こう

14) 〈표18〉은 이케다 유코(池田悠子, 2008:40-41)가 제시한 동사종류별 활용 악센트 식을 근거로 본 저자가 다른 동사를 대입하여 나타낸 것이다. 악센트 표기도 저자가 한 것임.

▷ 아래에 제시된 동사들을 위의 표에 제시된 악센트 형으로 발음을 해 보자.

2박어(○●): 1류동사(やる, 買(か)う, 履(は)く), 2류동사(いる, 寝(ね)る)

3박어(○●●):

1류동사(もらう, 上(あ)がる, 踊(おど)る), 2류동사(植(う)える, 借(か)りる, 消(き)える)

4박어(○●●●):

1류동사(行(おこな)う, 戦(たたか)う), 2류동사(始(はじ)める, 並(なら)べる, 甘(あま)える)

기복식 동사 활용의 악센트는 다음의 〈표19〉와 같다.

〈표19〉 기복식 동사 활용의 악센트[15]

박	기본형	~ない	~て	~ながら	~ば	~う(よう)
2박어	●○ みる 見る	●○○ みない 見ない	●○ みて 見て	○●○○ みながら 見ながら	●○○ みれば 見れば	○●○ みよう 見よう
	●○ かく 書く	○●○○ かかない 書かない	●○○ かいて 書いて	○●●○○ かきながら 書きながら	●○○ かけば 書けば	○●○ かこう 書こう
3박어	○●○ みえる 見える	○●○○ みえない 見えない	●○○ みえて 見えて	○●●○○ みえながら 見えながら	○●○○ みえれば 見えれば	○●●○ みえよう 見えよう
	○●○ つくる 作る	○●●○○ つくらない 作らない	○●○○ つくって 作って	○●●●○○ つくりながら 作りながら	○●○○ つくれば 作れば	○●●○ つくろう 作ろう
4박어	○●●○ しらべる 調べる	○●●○○ しらべない 調べない	○●○○ しらべて 調べて	○●●●○○ しらべながら 調べながら	○●●○○ しらべれば 調べれば	○●●●○ しらべよう 調べよう
	○●●○ よろこぶ 喜ぶ	○●●●○○ よろこばない 喜ばない	○●●○○ よろこんで 喜んで	○●●●●○○ よろこびながら 喜びながら	○●●○○ よろこべば 喜べば	○●●●○ よろこぼう 喜ぼう

▷ 아래에 제시된 동사들을 위의 표에 제시된 악센트 형으로 발음을 해 보자.

2박어(●○):

1류동사-よむ(読む), すむ(住む)

2류동사-でる(出る), いる(居る)

3박어(○●○):

1류동사-おもう(思う), ならう(習う), こまる(困る),

2류동사-おきる(起きる), はれる(晴れる)

4박어(○●●○):

1류동사-かなしむ(悲しむ), てつだう(手伝う)

2류동사-とどける(届ける), そだてる(育てる)

---

15) 〈표19〉는 이케다 유코(池田悠子, 2008:40-41) 제시한 동사종류별 활용 악센트 식을 근거로 본 저자가 다른 동사를 대입하여 나타낸 것이다.

6.8.3 형용사 악센트의 실제

이하, 형용사 활용의 악센트 유형(평판식, 기복식)을 살펴보도록 하자.

〈표20〉 평판식 형용사 활용의 악센트[16)]

박	기본형	~と	~くなる	~かった	~ければ
3박어	○●● ねむい 眠い	○●●● ねむいと 眠いと	○●●●○ ねむくなる 眠くなる	○●○○○ ねむかった 眠かった	○●○○○ ねむければ 眠ければ
	○●● くらい 暗い	○●●● くらいと 暗いと	○●●●○ くらくなる 暗くなる	○●○○○ くらかった 暗かった	○●○○○ くらければ 暗ければ
4박어	○●●● つめたい 冷たい	○●●●● つめたいと 冷たいと	○●●●●○ つめたくなる 冷たくなる	○●●○○○ つめたかった 冷たかった	○●●○○○ つめたければ 冷たければ
	○●●● おいしい 美味しい	○●●●● おいしいと 美味しいと	○●●●●○ おいしくなる 美味しくなる	○●●○○○ おいしかった 美味しかった	○●●○○○ おいしければ 美味しければ

▷ 아래에 제시된 형용사들을 위의 표에 제시된 악센트 형으로 발음을 해 보자.

3박어(○●●): あつい(厚い), あかい(赤い), おそい(遅い)

4박어(○●●●): あぶない(危ない), あかるい(明るい)

16) 〈표20〉은 이케다 유코(池田悠子, 2008:42)가 제시한 형용사 활용 악센트 식을 근거로 본 저자가 다른 형용사를 대입하여 나타낸 것이다.

〈표21〉 기복식 형용사 활용의 악센트[17]

박	기본형	~と	~くなる	~かった	~ければ
2박어	●○ よい 良い	●○○ よいと 良いと	●○○○ よくなる 良くなる	●○○○ よかった 良かった	●○○○ よければ 良ければ
	●○ ない 無い	●○○ ないと 無いと	●○○○ なくなる 無くなる	●○○○ なかった 無かった	●○○○ なければ 無ければ
3박어	○●○ あおい 青い	○●○○ あおいと 青いと	●○○○○ あおくなる 青くなる	●○○○○ あおかった 青かった	●○○○○ あおければ 青ければ
	○●○ ひろい 広い	○●○○ ひろいと 広いと	●○○○○ ひろくなる 広くなる	●○○○○ ひろかった 広かった	●○○○○ ひろければ 広ければ
4박어	○●●○ すずしい 涼しい	○●●○○ すずしいと 涼しいと	○●○○○○ すずしくなる 涼しくなる	○●○○○○ すずしかった 涼しかった	○●○○○○ すずしければ 涼しければ
	○●●○ うれしい 嬉しい	○●●○○ うれしいと 嬉しいと	○●○○○○ うれしくなる 嬉しくなる	○●○○○○ うれしかった 嬉しかった	○●○○○○ うれしければ 嬉しければ

▷ 아래에 제시된 형용사들을 위의 〈표21〉에 제시된 악센트 형으로 발음을 해 보자.

2박어(●○): こい(濃い)

3박어(○●○): あつい(熱い), ふかい(深い), ちかい(近い)

4박어(○●●○):

すっぱい(酸っぱい), みじかい(短い), おおきい(大きい)

17) 〈표21〉은 이케다 유코(池田悠子, 2008:42-43)가 제시한 형용사 활용 악센트 식을 근거로 본 저자가 다른 형용사를 대입하여 나타낸 것이다.

6.9 악센트핵의 이동과 변화

일정한 박의 자리에 고정된 악센트 핵은 일정한 조건이 주어지면 이동(변화)한다. 그 일정한 조건이란 ① 고유의 악센트핵을 지니는 단어가 다른 단어와 결합할 때, ② 문장(sentence) 속에서 다른 단어(구)로부터 악센트의 영향을 받을 때, ③ 특수박(발음, 촉음, 장모음(연모음 포함))이 올 때 악센트의 핵이 이동(변화)한다.

① 복합어가 되면 전항 단어의 악센트 핵은 소멸되고, 후항 단어의 악센트 핵만이 살아남는다.[18]

ホワ'イト(white)+ハ'ウス(house)

→ ホワイトハ'ウス(White House)

シャ'カイ(社会)+フク'シ(福祉) → シャカイフク'シ(社会福祉)

シャカイフク'シ(社会福祉)+ジ'ギョー(事業)

→ シャカイフクシジ'ギョー(社会福祉事業)

② 문장 내의 구에 보이는 악센트 변화[19]

○●●▶　○●●　○●●▶●●●

さくらが+さいた → さくらがさいた

---

18) 아래의 예는 구보조노 하루오(窪薗晴夫) · 오타 사토시(太田聡, 1998:216)에서 인용함.

19) 이케다 유코(池田悠子, 2008:44-45)에서 인용하였다. 악센트 표시는 저자가 했음.

○●○○▷　○●●　○●○○▷○○○
うぐいすが+ないた → うぐいすがないた

③ 특수박(발음, 촉음, 장모음(연모음 포함))으로 인한 악센트 변화 (이동)[20] (아래의 강조체는 원래대로라면 강조체 부분에 악센트가 있어야 한다는 것을 의미한다)

☞ **sound 89**

運動会: うんどう'かい → うんど'**う**かい

音楽会: おんがっ'かい → おんが'**っ**かい

全体会: ぜんたい'かい → ぜんた'**い**かい

委員会: いいん'かい → いい'**ん**かい

---

20) 민광준(2008:196-197)에서 인용함. 강조체 표시는 저자가 하였음. 민광준에 의하면 명사 단어에 会가 결합하여 복합어(파생어?)가 되면 뒤에서 3번째 박에 악센트 핵이 주어져야 하는데, 会에 연결된 전항 명사 단어의 끝 박이 특수박이면 악센트 핵은 이 특수박을 피해 1박 앞으로 이동한다고 한다.

6.10 악센트의 지역차

일본어의 악센트는 방언마다 다르다. 한국어에서도 대구방언과 부산방언의 악센트가 다른 경우가 많다. 앞에서 학습한 악센트 패턴은 모두 공통어(도쿄방언)인데, 교토방언과 비교해 보면 동일한 단어가 전혀 다른 악센트 패턴을 지니는 것을 알 수 있다.

〈표22〉 도쿄방언과 교토방언의 악센트 차이[21)]

단어	공통어(도쿄방언)	교토방언
絵[e] 그림	●▷ えが	○▶ えが
雨[ame] 비	●○▷ あめが	○●▷ あめが
海[ɯm^{j}i] 바다	●○▷ うみが	○●▷ うみが
桜[sakɯɾa] 벚꽃	○●●▶ さくらが	●●●▶ さくらが
兎[ɯsag^{j}i] 토끼	○●●▶ うさぎが	○○●▶ うさぎが
今晩[k^{h}ombaɴ]오늘 밤	●○○○▷ こんばんが	○●○○▷ こんばんが

가고시마(鹿児島)방언의 악센트는 도쿄방언과 교토방언과는 또 다른 악센트 패턴을 지니는 것으로 알려져 있는데, 본서에서는 생략하기로 한다.[22)]

21) 이케다 유코(池田悠子, 2008:46)에서 인용하였다. 발음 기호와 한국어 표시는 저자가 한 것임. 악센트 표시는 저자의 기준에 맞춰서 다시 한 것임.

22) 상세하게는 이케다 유코(池田悠子, 2008:47)를 참조할 것.

6.11 요약

단어 레벨에 있어서 고저, 강약, 장단(長短) 등이 사회 구성원들에 의해서 관습화되어 발음되는 것을 악센트라고 한다. 일본어는 전형적인 고저악센트 언어이며, 영어는 강약악센트 언어이다. 한국어는 경상방언과 함경방언을 제외하고 대부분 무악센트 언어이다. 일본의 이바라키현(茨城県), 미야기현(宮城県), 후쿠이시(福井市), 규슈북서부(九州北西部)~남동부(南東部) 지역은 무악센트 언어(방언)이다. 악센트는 단어 레벨에 적용되는 개념이며, 두 가지 기능을 한다. 하나는 의미를 구별하는 기능이며, 다른 하나는 문법을 구별하는 기능이다. 일본어의 악센트에는 핵이 존재하며 높은 박에서 낮은 박으로 옮겨가는 중간 부분을 악센트의 폭포라고 한다. 악센트 핵을 표시하는 방법은 다양하며, 악센트의 식에는 평판식과 기복식이 있다. 평판식에는 평판형이 있으며, 기복식에는 두고형, 중고형, 미고형이 있다. 고유의 악센트 식을 지니는 악센트가 노래 멜로디에 반드시 반영되지는 않는다. 도쿄방언에서는 첫째 박과 둘째 박은 반드시 높낮이(고저)가 다르며 한번 낮아진 박의 악센트가 다시 높아지지 않으며, 마지막 박의 악센트가 높은 경우, 이어지는 조사의 악센트가 같은 높이로 연결되는 경우와, 낮게 연결되는 경우가 있다. 명사, 동사, 형용사 악센트가 저마다 존재하며 일정한 박의 자리에 고정된 악센트 핵은 일정한 조건이 주어지면 이동(변화)한다. 악센트는 전국적으로 균일하게 나타나지 않는다. 즉 지역마다 악센트가 제각기 다르게 실현된다.

제7장 일본어 인토네이션, 포즈, 리듬의 이해와 실제

〈제7장의 키워드〉

7.1 인토네이션

7.2 프로미넨스

7.3 포즈

7.4 리듬

7.5 음보(foot)와 음보의 종류

7.5.1 복합어 형성(단축)

7.5.2 구 결합(단축)

7.5.3 요일 · 핸드폰 번호 읽기

7.6 요약

〈제7장의 키워드〉

인토네이션(イントネーション), 인토네이션의 기능(イントネーションの機能), 감정적 인토네이션(感情的イントネーション, かんじょうてきイントネーション), 논리적 인토네이션(論理的イントネーション, ろんりてきイントネーション), 상승조(上昇調, じょうしょうちょう), 하강조(下降調), 평탄조(平板調, へいばんちょう), 하강상승조(下降上昇調, かこうじょうしょうちょう), 프로미넨스(プロミネンス), 초점(焦点, しょうてん), 프로미넨스의 규칙(プロミネンスの規則, プロミネンスのきそく), 포즈(ポーズ), 리듬(リズム), 하이쿠(俳句), 박(拍, はく), 음보(音譜, おんぷ), 복합어의 형성(複合語の形成, ふくごうごのけいせい), 유명인 이름(有名人の名前, ゆうめいじんのなまえ), 업계용어(業界用語, ぎょうかいようご), 텔레비전&라디오 프로그램명(テレビ&ラジオ番組名), 회사명(会社名, かいしゃめい), 상품명(商品名, しょうひんめい), 애칭(愛称, あいしょう), 구 결합(句の結合, くのけつごう), 요일・핸드폰 번호 읽기(曜日・ケイタイ番号読み)

7.1 인토네이션

인토네이션(intonation, 억양)이란 문장(sentence)을 구성하는 어느 부분(문두-문중-문말)을 높게, 혹은 낮게 음정을 붙여 표현 의도(화자가 중요하다고 느끼는 것)이나 문법을 명시하는 것을 말한다. 6장에서 살펴본 악센트는 단어 레벨에 적용되는 개념인 반면에, 인토네이션은 문장 레벨에 적용되는 개념이다.

인토네이션에는 감정적 인토네이션과 논리적 인토네이션이 있다. 전자의 감정적 인토네이션은 화자의 희노애락, 놀라움, 과장 등을 나타내며, 후자의 논리적 인토네이션은 서술, 단정, 의문 등을 나타낸다. 논리적 인토네이션에는 문말에 한정해서 말하면 상승조, 하강조, 평탄조, 하강상승조가 있다.[23] 하강상승조와 평탄조에는 감정적 인토네이션의 기능도 내포되어 있다. 감정적 인토네이션과 논리적 인토네이션을 인토네이션으로 일괄하여 종류와 예를 제시하면 다음과 같다.

〈인토네이션의 종류〉

① 상승조(上昇調↗) - 문말을 비교적 강하게 발음하면서 올린다. 의문, 긍정, 명령, 되묻기에 많이 사용된다.

---

23) 상승조는 긴상승조, 짧은 상승조로 나뉘며, 평탄조는 긴 평탄조, 짧은 평탄조, 약한 평탄조로 나뉜다. 하강조에는 긴 하강조가 있다. 본서에서는 이들 인토네이션에 대해서는 설명을 생략하고자 한다. 상세하게는 민광준(2008:216-218)을 참조할 것.

② 하강조(下降調↘) - 문말을 비교적 약하게 발음하면서 내린다. 단정, 명령, 납득에 많이 사용된다.

③ 평탄조(平板調 →) - 문말을 평탄하게 유지하며 발음한다. 그다음의 진술을 요구하는 경우에 많이 사용된다.

④ 하강상승조(下降上昇調↝) - 문말을 내렸다가 다시 올린다. 경탄, 감탄, 놀라움을 나타내는 경우에 많이 사용된다.

〈예[24]〉 ☞ **sound 90**

① 상승조(上昇調↗) - あなたがお医者様↗(의사라는 사실을 확인함(물음))

② 하강조(下降調↘) - あなたがお医者様↘(의사라는 사실을 납득함)

③ 평탄조(平板調 →) - あなたがお医者様 → (의사라는 사실을 대수롭지 않게 여김)

④ 하강상승조(下降上昇調↝) - あなたがお医者様↝(의사라는 사실에 놀람)

24) 이케다 유코(池田悠子, 2008:48)에서 인용하였다.

7.2 프로미넨스

하나의 문장(sentence) 안에서 특정 부분을 도드라지게 발음하는 것을 프로미넨스(prominence, 탁립(卓立))라고 한다. 도드라지게 발음을 하는 목적은 그 부분을 화자가 의미적으로 강조하기 위해서이다. 프로미넨스가 놓여지는 부분을 초점(focus)이라고 부르기도 한다. 인토네이션이 문장 전체(문두-문중-문말)에 고저의 음정을 붙여 발화의 의도나 문법 등을 나타내는 것이라면, 프로미넨스는 문장을 구성하는 부분 요소를 강조한다는 점에서 차이가 있다. 이하의 예를 보도록 하자. 프로미넨스가 들어간 부분은 일반적으로 강조체나 검은 삼각형(▲)으로 표시한다.[25)]

〈프로미넨스의 예〉

☞ **sound 91**

ex1) 明日は**すずきさん**は来ない。(다른 누군가는 온다는 뜻)
ex2) **明日**はすずきさんは来ない。(다른 날은 스즈키씨가 온다는 뜻)

☞ **sound 92**

ex1) 今夜**地下鉄で**新宿のホテルへ行きます。(지하철 강조)
ex2) **今夜**地下鉄で新宿のホテルへ行きます。(오늘 밤을 강조)

---

25) 「新宿」와 같이 단어를 구성하는 모든 음절(특수박도 포함)에 삼각형 마크(▲)를 붙이기 어려운 경우는 강조체로 프로미넨스를 표시한다. 반대로 「おもしろい」에서 「も」부분만 강조하는 경우에는 삼각형 마크(▲)를 붙여 프로미넨스를 표시한다.

ex3) 今夜地下鉄で**新宿**のホテルへ行きます。(신쥬쿠를 강조)

프로미넨스가 일정한 규칙을 지니며 운용되는 경우가 있다. 이하에서는 프로미넨스의 몇 가지 규칙을 제시하고자 한다.

〈프로미넨스의 규칙[26]〉

① 프로미넨스는 형용사나 수식의 기능을 하는 문절에 놓인다.

▲

ex1) おもしろい ほんです。

▲

ex2) たなかさんの ほんです。

② 동작을 나타내는 부분에는 프로미넨스가 놓이지 않는다.

▲

ex1) ほんをよみました。

▲

ex2) がっこうに行きました。

③「~は~です」문형의 설명문에는 프로미넨스가 뒤(문말)에 놓인다.

▲

ex1) これはほんです。

▲

ex2) あれはいくらですか。

---

26) 민광준(2008:220-222)과 노사와 모토코(野沢素子, 1990:59-60)에서 인용함.

7.3 포즈

일본인들은 한국인도 마찬가지이지만, 쉬지 않고 일사천리로 발화를 하지 않는다. 발화를 이어나가다가 아주 짧은 시간 동안 발화를 중지하는데 이것을 포즈(pause)라고 한다. 포즈의 주요 기능으로 두 가지가 있는데, 하나는 생리적인 목적, 즉 화자가 숨을 쉬기 위해서이다. 이것은 악보에 쉼표가 있는 것과 같은 이치이다. 다른 하나는 문법적인 경계를 긋기 위해서이다. 이것은 화자가 청자에게 문장의 의미를 명료하게 전달하기 위해서이다. 이하 포즈를 '/'로 표시한다.

〈생리적 이유에 의한 포즈〉 ☞ **sound 93**

むかしむかしあるところにおじいさんとおばあさんがありました。

→ むかしむかし/あるところに/おじいさんとおばあさんが/ありました。

〈문법적 경계의 차이[27]〉

ex1) ピロと/ケメゆかりの地を旅行する。

[(나는) 피로와 [케메와 연고가 있는 땅을 여행한다]]

ex2) ピロとケメ/ゆかりの地を旅行する。

[피로와 케메가 [(뭔가) 연고가 있는 땅을 여행한다]]

ex3) ピロとケメゆかりの地を/旅行する。

[(나는) [피로와 케메에게 연고가 있는 땅]을 여행한다]

27) 쓰조메 나오야(都梁直也, 2007:37)에서 인용함. 한국어 번역은 저자가 한 것임.

7.4 리듬

리듬(rhythm)이란 어떤 단어를 구성하는 음절(박)에 주어진 시간의 길이를 인위적으로 조정하여 궁극적으로 다른 단어나 문장의 길이에 맞추는 것을 말한다. 문장의 차원에서 보면 하이쿠(俳句)와 같이 리듬을 의도적으로 조정하는 경우도 있고, 단어를 구성하는 특수박을 자립박과 같이 어엿한 1박으로 인정하는 경우도 있다.

① 하이쿠(俳句, 5 · 7 · 5(17자) 형식의 일본 전통시)

5 · 7 · 5로 글자 수가 다르지만 5글자를 2글자가 더 있는 것처럼 7글자의 박 길이에 맞춰 읽는다(음송한다).

1	2	3	4	5	6	7
な	つ	く	さ	や		
つ	わ	も	の	ど	も	が
ゆ	め	の	な	か		

夏草や兵(つわもの)どもが夢の中

→ 義経らが功名を、藤原三代が栄華を夢見たこの地も今は夏草が生い茂っていますよ。

→ 요시쓰네가 공명을, 후지와라 3대가 영화를 꿈꾸던 이 땅도 지금은 여름 잡풀만 무성할 뿐이랍니다.

② 특수박(촉음, 장모음, 발음)

촉음, 장모음, 발음과 같은 특수박은 음절을 구성하는 자립박은 아니지만, 자립박과 같이 어엿한 1박을 인정함으로써 자립박(직음, 요음)의 1박 길이만큼 발음을 한다. 이것은 일본 원어민들이 발화 속에서 특수박을 자립박에 주어진 시간만큼 발음함으로써 발화 리듬을 갖추고자 하는 집단 심리가 표출된 것으로 볼 수 있다. 일상의 말을 마치 리듬을 갖춰 시를 읊듯이 말이다. 상세하게는 4.3절, 5.7절, 5.8절을 참조할 것.

7.5 음보(foot)와 음보의 종류

음보(foot)란 두 개의 박으로 이루어지는 운율 단위를 말한다. 두 개의 박을 1음보라고 하며, 1음보의 단위로 복합어가 형성될 때(7.5.1절), 구가 결합할 때(7.5.2절), 요일과 핸드폰 번호(7.5.3절)을 읽을 때, 1음보의 단위가 일반적으로 사용된다.

7.5.1 복합어 형성(단축)

먼저 복합어가 1음보의 단위로 단축되어 형성되는 경우가 있다. 유명인 이름, 업계 용어, 텔레비전&라디오 프로그램명, 상품명, 애칭 등도 이에 포함된다.[28)]

---

28) 아래의 예들은 모두 구보조노 하루오(窪薗晴夫) · 오타 사토시(太田聡, 1998: 190-195)에서 인용함.

〈복합어의 형성〉

セクシャル・ハラスメント → 〈セク〉〈ハラ〉 → セクハラ

ファミリー・レストラン → 〈ファミ〉〈レス〉 → ファミレス

ゲーム・センター → 〈ゲー〉〈セン〉 → ゲーセン

カー・ナビゲーション → 〈カー〉〈ナビ〉 → カーナビ

連続ドラマ → 〈レン〉〈ドラ〉 → レンドラ

断然トップ → 〈ダン〉〈トッ〉 → ダントツ

〈유명인 이름〉

木村拓哉 → 〈キム〉〈タク〉 → キムタク

小沢健二 → 〈オザ〉〈ケン〉 → オザケン

ミスター・チルドレン → 〈ミス〉〈チル〉 → ミスチル

かつ・しんたろう → 〈カツ〉〈シン〉 → カツシン

(cf. 민광준(2008:251)에서 인용함)

〈업계 용어〉

マネージャー → 〈ジャー〉〈マネ〉 → ジャーマネ

タクシー → 〈シー〉〈タク〉 → シータク

コーヒー → 〈ヒー〉〈コー〉 → ヒーコー

サングラス → 〈グラ〉〈サン〉 → グラサン

デブ → 〈ブー〉〈デー〉 → ブーデー

〈텔레비전&라디오 프로그램명〉

ロングバケーション → 〈ロン〉〈バケ〉 → ロンバケ

天才てれびくん →〈テン〉〈テレ〉→ テンテレ

ヒルサイド・アベニュー →〈ヒル〉〈アベ〉→ ヒルアベ

〈회사명〉

日本テレビ → ニッテレ

テレビ朝日 → テレアサ

日本通運 → ニッツー

日本生命保険 → ニッセイ

〈상품명〉

味付けポン酢 → 味ポン

サラダ用スパゲッティ → サラスパ

ポテトサラダ用マヨネーズ → ポテマヨ

コクのあるまろやかなカレー → コクマロ(カレー)

〈애칭〉

めぐみ →〈めぐ〉ちゃん → めぐちゃん

ちひろ →〈チー〉ちゃん → チーちゃん

えつこ →〈えっ〉ちゃん → えっちゃん

たつや →〈たっ〉ちゃん → たっちゃん

まさよし →〈まー〉くん → まーくん

たいすけ →〈たー〉くん → たーくん

7.5.2 구 결합(단축)

〈단축에 의한 구의 결합〉

理想の結婚 →〈リソ〉〈コン〉→ リソコン

恋の話 →〈コイ〉〈バナ〉→ コイバナ

地味な結婚式 →〈ジミ〉〈コン〉→ ジミコン

土壇場でキャンセル →〈ドタ〉〈キャン〉→ ドタキャン

超very bad →〈チョベ〉〈リバ〉→ チョベリバ

7.5.3 요일 · 핸드폰 번호 읽기

〈요일 열거해서 읽기〉

ex)	月	火	水	木	金	土	日
	[ゲッ]	[カー]	[スイ]	[モク]	[キン]	[ドー]	[ニチ]

〈핸드폰 번호 읽기〉

ex1)	0	1	2	3	4	5	6	7	8	9
	[れい]	[いち]	[にー]	[さん]	[よん]	[ごー]	[ろく]	[なな]	[はち]	[きゅう]

ex2)	0	1	0(の)	3	4	9	2(の)	7	8	3	5
	[れい]	[いち]	[れい]	[さん]	[よん]	[きゅう]	[にー]	[なな]	[はち]	[さん]	[ごー]

7.6 요약

문장(sentence)을 구성하는 어느 부분(문두-문중-문말)을 높게, 혹은 낮게 음정을 붙여 표현 의도(화자가 중요하다고 느끼는 것)이나 문법을 명시하는 것을 인토네이션이라고 한다. 악센트는 단어 레벨에 적용되는 개념인 반면에, 인토네이션은 문장 레벨에 적용되는 개념이다. 문말에 한정해서 말하면 인토네이션에는 크게 상승조, 하강조, 평탄조, 하강상승조로 나뉜다. 하나의 문장(sentence) 안에서 특정 부분을 도드라지게 발음하는 것을 프로미넨스라고 한다. 프로미넨스가 놓여지는 부분을 초점(focus)이라고 한다. 인토네이션이 문장 전체(문두-문중-문말)에 고저의 음정을 붙여 발화의 의도나 문법 등을 나타내는 것이라면, 프로미넨스는 문장을 구성하는 부분 요소를 강조를 한다는 점에서 차이가 있다. 프로미넨스는 형용사나 수식의 기능을 하는 문절에 놓이며 그것을 받은 명사(피수식어)에는 놓이지 않는다. 그리고 동작을 나타내는 부분에는 프로미넨스가 놓이지 않는다.「~は~です」문형의 설명문에는 프로미넨스가 뒤(문말)에 놓인다. 발화를 이어나가다가 잠시 발화가 중지되는 것을 포즈라고 한다. 포즈는 생리적인 목적, 문법적 경계의 차이를 나타내기 위한 목적으로 사용된다. 이것은 청자에게 의미를 명료하게 전달하기 위한 것이다. 어떤 단어를 구성하는 음절(박)에 주어진 시간의 길이를 인위적으로 조정하여 단어나 문장의 길이를 조정하는 것을 리듬이라고 한다. 리듬은 하이쿠(俳句)나 특수박(촉음, 장모음, 발음)에서 잘 드러난다. 두 개의 박으로 이루어

지는 운율 단위를 음보라고 한다. 두 개의 박을 1음보라고 하며, 복합어가 형성될 때, 구가 결합할 때, 요일과 핸드폰 번호를 읽을 때, 1음보의 단위가 일반적으로 사용된다.

제8장 실제 문장을 통한 일본어 발음의 연습

8.1 들어가기

8.2 음성 자료1

8.3 음성 자료2

8.4 음성 자료3

8.1 들어가기

제8장에서는 본서에서 학습한 내용을 토대로 실제 일본어 문장을 음성으로 들어보고 따라 읽는 방식으로 모든 음성 지식을 정리하고자 한다. 저자가 준비한 음성자료는 「十五夜のお月様(보름밤의 달님)」, 「ざしき童子(ぼっこ)のはなし(다다미방 동자의 이야기)」, 「パンを踏んだ娘(빵을 밟은 소녀)」이다.

8.2 음성 자료1

十五夜のお月様

보름날 밤의 달님

村山籌子

무라야마 가즈코

大きい森(もり)の向(む)こうから、ブルブルブルと小さい音(おと)が響(ひび)いてきました。木の上で寝(ね)ていた真黒(まっくろ)な小人(こびと)は、それを聞くと、飛(と)び起(お)きて、音(おと)のする方(ほう)へ飛(と)んでゆきました。

큰 숲 맞은편에서 부르르르 작은 소리가 울려 왔습니다. 나무 위에서 자던 새카만 난장이는 그 소리를 듣고는 벌떡 일어나 소리가 나는 쪽으로 날아갔습니다.

「お月様(つきさま)、こんばんは。ずいぶん早(はや)くお出(で)かけですね。たくさんの子供(こども)たちがあなたのいらっしゃるのをどんなに待(ま)っているでしょう。さあ、出(で)かけましょう」小人(こびと)はそう言(い)って、お月様(つきさま)と二人(ふたり)で、森(もり)を出(で)て野原(のはら)を通(とお)りすぎて、街(まち)にまいりました。

"달님, 안녕하세요. 몹시 일찍 외출하시네요. 많은 아이들이 당신이 오시는 것을 얼마나 기다리고 있을까요? 자, 나가죠." 난장이는 그렇게 말하며 달님과 둘이서 숲을 나와 들판을 지나서 마침내 마을로 들어 갔습니다.

「お月様(つきさま)。街(まち)の灯(あかり)は、どうしてあんなに赤くてきれいなんでしょうね。家(うち)にはみんな窓(まど)がついて、きれいだなあ。おや、あの家(うち)の窓(まど)からかわいい女(おんな)の子(こ)がお月様(つきさま)と僕(ぼく)とを見て笑(わら)っていますよ。へえ？本当(ほんとう)ですか。お月様(つきさま)。あの女の子がお月様の子供(こども)なんですか」

"달님, 마을의 불빛은 어째서 저렇게 붉고 예쁠까요? 집에는 모두 창문이 붙어 있고… 참, 아름답구나. 어라, 저 집의 창문에서 귀여운 여자 아이가 달님과 저를 보며 웃고 있네요. 헤에? 정말입니까? 달님, 저 여자아이가 달님의 아이라구요?"

そこで小人は、大急ぎで、女の子のいる窓に飛びついて、「こんばんはかわいいお嬢さん。あなたはお月様の子供だそうですが、本当ですか」「ええ、そうです。私はお月様の子供です」

그래서 난장이는 매우 서둘러, 여자아이가 있는 창문으로 날아올라, "안녕하세요. 귀여운 아가씨! 당신은 달님의 아이라던데, 정말인가요?" "예, 그래요. 저는 달님의 아이랍니다."

「あなたのお顔(かお)はお月様のようにきれいですね。あなたはこの家(うち)で、毎日(まいにち)何(なに)をしていらっしゃるのですか」「私(わたし)はこのお家で、赤い布切(ぬのき)れや、おもちゃや、いろんなおもしろいお話(はなし)を書(か)いた本(ほん)を売(う)っているのです。その中(なか)には、あなたのことも、お月様のことも書いてありますよ。私(わたし)は毎日(まいにち)、そんなご本(ほん)を読(よ)んだり、お人形(にんぎょう)を作(つく)ったりして遊(あそ)んでいます。私は小(ちい)さい時(とき)に、お月様のところから、この家へもらわれてきたのですよ。これをお月様にさしあげて下さい」

"당신의 얼굴은 달님처럼 아름답군요. 당신은 이 집에서 매일 무엇을 하고 계시나요?" "저는 이 집에서 빨간 천 조각이랑, 장난감이랑, 여러 가지 재미있는 이야기를 적은 책을 팔고 있어요. 그 중에는 당신에 대한 이야기도, 달님 이야기도 적혀 있어요. 저는 매일 그런 책을 읽기도 하고, 인형을 만들거나 하며 놀고 있죠. 저는 어릴 때, 달님한테서 나와 이 집으로 입양되어 왔어요. 이것을 달님에게 좀 전해주세요."

女(おんな)の子(こ)は自分(じぶん)の頭から赤いリボンをとっ

て、小人に渡(わた)しました。小人はそれをもらってまたお月様の後をおっかけました。

여자 아이는 자기 머리에서 빨간 리본을 벗기고선 난장이에게 건네주었습니다. 난장이는 그것을 받고는 또 달님의 뒤를 쫓아갔습니다.

お月様は女の子にもらったリボンを頭(あたま)におかけになりました。お月様はまるでかわいいかわいい女の子に見えました。「まあ。お月様。あなたがそのリボンをおかけになると、あの女の子にそっくりですよ」と小人が大(おお)よろこびで言いました。お月様も大変(たいへん)うれしそうに、ニコニコと笑っていらっしゃいました。その晩(ばん)はちょうど十五夜(じゅうごや)でした。〈終わり〉

달님은 여자아이에게 받은 리본을 머리에 쓰셨어요. 달님은 마치 귀엽고 귀여운 여자아이처럼 보였습니다. "아아, 달님. 당신이 그 리본을 쓰시니 그 여자아이와 꼭 닮았네요."라고 난장이가 크게 기뻐하며 말했습니다. 달님도 매우 기쁜 듯이 방긋방긋 웃고 계셨습니다. 그날 밤은 마침 보름밤이었습니다. 〈끝〉

☞ 먼저 의미를 새겨보려는 노력 없이 본문을 들어보자.

☞ 번역 부분을 보면서 본문을 들어 보자.

☞ 자음(반모음)과 모음에 유의하며 본문을 들어 보자.

☞ 악센트(평판식 · 기복식)에 유의하며 본문을 들어 보자.

☞ 문말 인토네이션에 유의하며 본문을 들어 보자.

☞ 포즈에 유의하며 본문을 들어보자.

☞ 들으면서 쉐도우 리딩(shadow reading)을 수차례 반복함으로써 모든 음성 정보 감각을 배양해 보자.

8.3 음성 자료2

ざしき童子(ぼっこ)のはなし

다다미동자의 이야기

宮沢賢治

미야자와 켄지

「大道(だいどう) めぐり、大道めぐり」

"다이도 메구리(열 명이 둥글게 서서 서로 양손을 잡고 빙글빙글 도는 아이들 놀이임), 다이도 메구리."

ぼくらの方(ほう)の、ざしき童子(ぼっこ)のはなしです。

우리들에게 일어난 다다미동자(이와테현에서 전해오는 일종의 정령) 이야기입니다.

「大道(だいどう)めぐり、大道めぐり」

"다이도 메구리, 다이도 메구리."

一生懸命(いっしょうけんめい)こう叫(さけ)びながら、ちょうど、十人(じゅうにん)の子供(こども)らが両手(りょうて)をつないで丸(まる)くなり、ぐるぐるぐるぐる座敷(ざしき)の中を回(まわ)って遊(あそ)んでおりました。

이렇게 열심히 외치면서, 딱 열 명의 아이들이 양손을 잡고 둥글게 열을 지어 빙글빙글 다다미방을 돌며 놀고 있었습니다.

「あれ？あ、待(ま)て待(ま)て。なんかおかしいぞ。一人(ひとろ)増(ふ)えてないか？

"어라? 아, 기다려, 기다려. 뭔가 이상해. 한 사람 더 늘어난 것 같지 않아?"

ひ、ふ、み、よ、い、む、なな、やあ、この、とお。十一人いる」

"하나, 둘, 셋, 넷, 다섯, 여섯, 일곱, 여덟, 아홉, 열, 11명이야."

「一人知らない奴(やつ)がいるぞ。お前(まえ)か。お前か。お前か」

"모르는 녀석이 한 명도 없네. 너야, 너야, 아니면 너야?"

「なんだお前(まえ)たち。騒々(そうぞう)しい」「あのね。十人で遊んでいたら、十一人になったんです。でも一人も知らない顔(かお)がなくて、一人も同(おんな)じ顔がないんです。それでもやっぱり十一人なんです」

"뭐야, 너희들, 소란스럽잖아." "있잖아요. 열 명이서 놀고 있는데 열 한 명이 되었어요. 하지만 한 사람도 모르는 얼굴이 없고요. 한 사람도 같은 얼굴이 없어요. 그래도 역시 열 한명이에요."

「なら、その増(ふ)えた一人がざしき童子(ぼっこ)だ。ざしき童子が来たんだ」「なるほど。そうかぁ」「ふーん。でもおれじゃないぞ」「おれもちがう」こんなのがざしき童子です。

"그렇다면 그 늘어난 한 명이 다다미동자란다. 다다미동자가 온 거야." 과연. 그래, 그렇구나." "흠, 하지만 나는 아니야. 나도 아니야." 이런 게 바로 다다미동자라고 하는 것입니다.

「大道めぐり、大道めぐり」
「あはははは、あはははは」「あはははは……」
"다이도 메구리, 다이도메구리"
"아하하하, 아하하하, 아하하하."

それからまた、こういうのです。

그리고 또, 이런 이야기도 있습니다.

北上川(きたかみがわ)の朗妙寺(ろうみょうじ)の淵(ふち)にいる、渡(わた)し守(もり)から聞いた話です。

기타가와가미의 로묘지 깊은 호수에 있는 뱃사공으로부터 들은 이야기입니다.

「八月十七日(はちがつじゅうしちにち)の晩(ばん)、おら、酒(さけ)飲(の)んで早(はや)く寝(ね)た。そしたら…」「オーイ、オーイ」「向(む)こうで呼(よ)ぶ声(こえ)がした。お月様(つきさま)はちょうど空(そら)のてっぺんだ。おら、急(いそ)いで船(ふね)出(だ)して、向(む)こうの岸(きし)に行ってみた。うっ、そしたら、紋付(もんつ)き(에도시대의 정장)を着(き)て刀(かたな)をさした、きれいな子供(こども)がいた。おらは聞いた。おぉ、渡(わた)るか?」「えぇ。頼(たの)む」

8월 17일 밤에 나는 술을 마시고 일찍 잠이 들었다. 그랬더니… "여기요, 여기요." 맞은편에서 부르는 소리가 났어. 달님은 마침 하늘 꼭대기에 있었지. 나는 서둘러 배를 내어 맞은 편 연안으로 가봤지. 음, 그랬더니 정장을 입고 칼을 찬, 예쁜 아이가 있었어. 나는 물었지. "건널 거니?" "예, 부탁해요."

船(ふね)が真(ま)ん中(なか)頃(ごろ)に来たとき、おらは見ないふりしてよく子供(こども)を見た。きちんと膝(ひざ)に手(て)を置(お)いて、空(そら)を見(み)ながら座(すわ)ってた。おらは聞いた。

배가 한 중간쯤에 왔을 때, 나는 못 본 척을 하고는 아이를 봤어. 정자세로 무릎에 손을 대고, 하늘을 보면서 앉아 있었어. 나는 물었지.

「お前(まえ)さん。どこから来た？」「そこの笹田(ささだ)の家(うち)、ずいぶん長(なが)くいたけれど、もう飽(あ)きたから他(ほか)へ行くよ」「ほぉ、なぜ飽(あ)きたね」

"너는 어디에서 왔니?" "거기, 사사다의 집에서요, 아주 오래 있었는데, 이제 싫증이 나서 다른 집으로 가요." "호오, 왜 싫증이 났는데?"

「えっへへへ、あっへへへは」「じゃ、次(つぎ)はどこへいくね」「うん、更木(さらき)の斎藤(さいとう)の家へ行くよ」

"에헤헤헤, 앗헤헤헤." "그럼 다음은 어디로 가는데?" "음, 사라키의 사이토 집에 갈 거랍니다."

「うぅん。さぁ、着(つ)いたぞ。おや？あの子供はどこへ行っとぉ? さっきまで……。おや？ここは？」

“자, 도착했어요. 어라? 그 아이는 어디로 갔지? 아까까지 있었는데…어라, 여기는?”

岸(きし)に着(つ)いたら子供はもういず、おらは、小屋(こや)の入(い)り口(ぐち)に腰(こし)かけていた。夢(ゆめ)だか何(なん)だかわからない。けれども、きっと本当(ほんとう)だ。それから、笹田(ささだ)が落(お)ちぶれて、更木(さらき)の斎藤(さいとう)では、病気(びょうき)もすっかり治(なお)ったし、息子(むすこ)も大学(だいがく)を終(お)わってメキメキ立派(りっぱ)んなったからなぁ。

こんなのがざしき童子(ぼっこ)です。「えっへへへ、あっははははは」〈終わり〉

물가에 도착하니 아이는 이미 없고 나는 오두막 입구에 앉아 있더군. 꿈인지 생시인지 모르겠어. 하지만 분명히 사실이야. 그리고 사사다집은 망하고 사라키의 사이토는 병도 완전히 낫고, 자식도 대학을 졸업하고 아주 훌륭한 사람이 되었지. 이런 것이 바로 다다미동자랍니다.

“에헤헤, 앗하하하하.”〈끝〉

☞ 먼저 의미를 새겨보려는 노력 없이 본문을 들어보자.

☞ 번역 부분을 보면서 본문을 들어 보자.

☞ 자음(반모음)과 모음에 유의하며 본문을 들어 보자.

☞ 악센트(평판식 · 기복식)에 유의하며 본문을 들어 보자.

☞ 문말 인토네이션에 유의하며 본문을 들어 보자.

☞ 포즈에 유의하며 본문을 들어보자.

☞ 들으면서 쉐도우 리딩(shadow reading)을 수차례 반복함으로써 모든 음성 정보 감각을 배양해 보자.

8.4 음성 자료3

パンを踏んだ娘

빵을 밟은 아가씨

ハンス・クリスチャン・アンデルセン
한스 크리스챤 안델센

むかしむかし、ある田舎町(いなかまち)に、インゲルというとっても可愛(かわい)い女(おんな)の子(こ)がいました。

옛날 옛날에 어느 시골마을에 잉겔이라는 매우 귀여운 여자아이가 살았어요.

「インゲル、何(なに)をしてるの」「チョウチョウさんの羽(はね)をむしっているの」「お前(まえ)はどうしてそんなことをするんだい？小さな虫(むし)にだって命(いのち)があるんだよ」「知らないわ。うるさい母(かあ)さん」インゲルは見(み)た目(め)はかわいらしいけれど、とっても意地悪(いじわる)で残酷(ざんこく)な心(こころ)をもっていたのです。

"잉겔, 뭘 하고 있어?" "나비님의 날개를 쥐어뜯고 있어요." "넌, 어째서 그런 짓을 하는 거니? 작은 벌레에게도 목숨은 있는 거란다." "몰라요. 엄마, 시끄러워!" 잉겔은 겉으로 보기엔 귀엽지만, 매우 심술궂고 잔혹한 마음을 가지고 있었어요.

「ああ、神様(かみさま)。どうか、あの子がやさしく育(そだ)ってくれますように……」

"아, 하느님. 부디 저 아이가 착하게 자라날 수 있도록 해주소서…"

やがて、インゲルは美(うつく)しい娘(むすめ)に成長(せいちょう)しましたが、お母(かあ)さんの願(ねが)いはかなわず、性格(せいかく)はちっとも変(か)わりませんでした。インゲルは、ある裕福(ゆうふく)で上品(じょうひん)な家でお手伝(てつだ)いの仕事(しごと)をするようになりました。働(はたら)き始(はじ)めてから1年が経(た)ったころ、おかみさんがインゲルに言(い)いました。「インゲルや。1年ぶりにお父(とう)さんとお母(かあ)さんに会(あ)っておいで。新(あたら)しい服(ふく)と、新(あたら)しい靴(くつ)を買(か)っておいてあげたよ」「うわぁ。まぁ、素敵(すてき)なお洋服(ようふく)」「お土産(みやげ)に大(おお)きなパンも焼(や)いておいたからね。ゆっくり甘(あま)えておいで」

머지않아 잉겔은 아름다운 아가씨로 성장을 했습니다만, 엄마의 소원대로 착한 사람이 되기는커녕 원래 못 된 성격도 바뀌지 않았습니다. 잉겔은 어느 유복하고 고상한 집에서 가정부 일을 하게 되었습니다. 일을 한지 1년이 지났을 무렵, 주인아주머니가 잉겔에게 말했습니다. "잉겔아, 네가 온지도 어연 1년이 흘렀구나. 아버지와 어머님을 만나고 오렴. 새 옷과 새 구두를 사놓았단다." "와, 정말로 좋은 옷이네요." "선물로 큰 빵도 구워 놓았으니, 천천히 응석부리다 오렴."

インゲルは、焼(や)きたてのパンをかごに入(い)れて、新品(しんぴん)の服(ふく)を着(き)て意気揚々(いきようよう)と出(で)かけていきました。「私のきれいな姿(すがた)を、早(はや)くお母(かあ)さんに見(み)せたいわ」

잉겔은 갓 구운 빵을 바구니에 넣고 새 옷을 입고 의기양양하게 집을 나갔습니다. "나의 예쁜 모습을 빨리 엄마에게 보이고 싶어."

やがて、インゲルの家(いえ)が見えてきました。お母さんは家の前でたきぎを拾(ひろ)っていました。「おや、インゲル。帰ってきたんだねぇ」インゲルの姿(すがた)を見つけると、お母さんは嬉(うれ)しそうに笑(わら)いました。

마침내, 잉겔의 집이 보였습니다. 엄마는 집 앞에서 땔감나무를 줍고 있었습니다. "어라, 잉겔. 돌아왔구나." 잉겔의 모습을 보고는 엄마는 기쁜 듯이 웃었습니다.

「いやだわぁ。なんて汚(きたな)らしい格好(かっこう)をしているんだろう。あんな人(ひと)の娘(むすめ)だなんて思(おも)われたくない。インゲルはパッとお母さんに背(せ)を向(む)けて走(はし)り出(だ)しました。「インゲル？インゲル」うしろで、お母さんが叫(さけ)んでいる声(こえ)が聞(き)こえました。「ハァ、ハァ、ハァ。ここどこかしら？夢中(むちゅう)で走(はし)ってるうちに道(みち)に迷(まよ)ってしまったみたい」

"싫어. 어떻게 저런 더러운 꼴을 하고 있는 거지? 저런 사람의 딸로 여겨지고 싶지 않아." 잉겔은 엄마에게 휘익 등을 돌리고는 도망쳤습니다. “잉겔? 잉겔” 뒤에서 엄마가 외치는 소리가 들려왔습니다. “헉, 헉. 어디지 여기는? 정신없이 달리는 바람에 길을 잃어버린 것 같아.”

いつの間(ま)にか、インゲルは森(もり)の中(なか)に入(はい)ってしまったのです。歩(ある)いていると、目(め)の前(まえ)に小(ちい)さな沼(ぬま)がありました。「こんなところを通(とお)ったら靴(くつ)が汚(よご)れちゃうわ。そうだ。これを踏(ふ)み台(だい)にしちゃおう」

어느 새, 잉겔은 숲속으로 들어와 버리고 만 것입니다. 걷고 있으니 눈앞에 작은 늪이 있었습니다. “이런 데를 지나면 구두가 더러워질 거야. 맞아. 이것을 발판으로 삼아버려야겠어.”

インゲルはおかみさんが焼(や)いてくれた大(おお)きなパンを、えいっ、と沼(ぬま)のなかに投(な)げ込(こ)みました。「それっ」インゲルがパンに飛(と)び乗(の)ると、パンはぶくぶくと沼(ぬま)の中(なか)に沈(しずん)んでいってしまったのです。

잉겔은 주인아주머니가 구워준 빵을, 늪 안으로 힘을 주며 내던졌습니다. “영차.” 잉겔이 빵 위에 올라타자, 빵은 늪 속으로 보글보글 가라앉고 말았습니다.

「いっ、いやぁ。助(たす)けて。キャァー」インゲルはパンと一緒(いっしょ)に、沼(ぬま)のなかへ消(き)えてしまいました。

“아, 안 돼! 살려줘. 꺄악.” 잉겔은 빵과 함께 늪 속으로 사라져 버렸습니다.

「ここ、どこ？」目(め)を覚(さ)ますと、そこは暗(くら)くてじめじめしていて、いやなにおいの漂(ただよ)う場所(ばしょ)でした。「動(うご)けないわ」インゲルはパンの上に立(た)ったまま、少(すこ)しも動くことができませんでした。

여긴 어디지? 눈을 떠보니 거기는 어두침침한 심한 냄새가 진동하는 곳이었습니다. 못 움직이겠어. 잉겔은 빵 위에 선 채 조금도 움직일 수가 없었습니다.

「おぉや、気(き)づいたかね」ふと前(まえ)を見ると、鼻(はな)の高(たか)いおばあさんが、大きな釜(かま)で何(なに)かをぐつぐつと煮(に)ていました。「ここは沼(ぬま)のなかだよ。あたしは沼女(ぬまおんな)。あんたみたいに曲(ま)がった心(こころ)が大好(だいす)きでね。あたしのコレクションに加(くわ)えてあげたのさ」

"오, 이제 정신이 드니?" 문득 앞을 보니 코가 긴 할머니가 큰 솥에서 무엇인가를 부글부글 삶고 있었습니다. "여기는 늪 안이란다. 나는 늪에 사는 여자란다. 너처럼 비뚤어진 마음을 아주 좋아해서 말이야. 그래서 너를 나의 수집품에 넣어 준 거란다."

インゲルの顔の上を、何かがムズムズと這(は)っています。「きっ、気持(きも)ち悪(わる)いわ。とってちょうだい」「そいつは昔(むかし)、あんたに羽(はね)と足(あし)をもがれたチョウチョウだよ。

みんなあんたにいじめられた生(い)き物(もの)たちさ」気(き)がつくと髪(かみ)の毛(け)の上にも、手の上にも、カエルやムカデやミミズがモゾモゾと這(は)いまわっていました。

잉겔의 얼굴 위를 뭔가가 슬금슬금 기고 있습니다. "악, 뭐야, 이거! 떼 내 줘!" "그건 옛날, 너에게 날개와 다리를 뜯긴 나비야. 모두 너에게 괴롭힘을 당한 생물들이지." 정신을 차리자 머리카락 위에도 손 위에도 개구리, 지네, 지렁이가 스멀스멀 기어 다니고 있었습니다.

インゲルが沼(ぬま)に落(お)ちたという話(はなし)は、あっという間(ま)に町中(まちじゅう)に広(ひろ)がりました。いろいろな人が、インゲルのうわさをするのが、沼(ぬま)の中まで聞こえてきます。「神様(かみさま)がくれた食(た)べものを踏(ふ)みつけるなんてねぇ」「きれいな子(こ)だったけどねぇ。罰当(ばちあ)たりな娘なこと」「えぇ。自業自得(じごうじとく)ですわ」

잉겔이 늪에 빠졌다고 하는 이야기는 순식간에 마을 전체에 퍼졌습니다. 많은 사람들이 잉겔의 이야기를 하는 것이 늪 속에까지 들려왔습니다. "하느님이 준 음식을 짓밟다니 말이야." "예쁜 아이였는데. 벌을 받은 거야." "맞아요. 자업자득이에요."

「まぁ、私は人を殺(ころ)したわけでも、ものを盗(ぬす)んだわけでもないわ。それなのにみんなして私一人(わたしひとり)を悪者扱(わるものあつか)いするなんて。ひどすぎる」

"아, 나는 사람을 죽인 것도, 물건을 도둑질한 것도 아니야. 그런데 모두 나를 나쁜 사람 취급하다니. 해도 너무 해."

「あぁ、インゲル。インゲル。私がいけなかったのかねぇ」「あ、あれはお母さんだわ。そうよ。母さんが悪いんだわ。ちゃんと私を叱(しか)ってくれなかったんだもの」

"아, 잉겔, 잉겔. 내가 잘못한 거야." "아, 저 사람은 엄마. 맞아. 엄마가 나빠. 나를 제대로 꾸짖어주지 않았지."

インゲルが沼(ぬま)に落(お)ちてから一体(いったい)どれほどの時間(じかん)が経(た)ったのでしょう。誰(だれ)もがインゲルの悪口(わるぐち)を言っていました。インゲルはパンの上に立(た)ち尽(つ)くしながら、じっと歯(は)を食(く)いしばっていました。

잉겔이 늪에 빠지고 나서 도대체 어느 정도의 시간이 흐른 것일까요. 누구나가 잉겔을 욕했습니다. 잉겔은 빵 위에 계속 서있으면서 이를 악물고 있었습니다.

ある時(とき)、一人の母親(ははおや)が自分(じぶん)の娘(むすめ)にインゲルのお話(はなし)をしていました。「インゲルはとても悪(わる)い子(こ)だったから、ずっと罰(ばつ)を受(う)け続(つづ)けているのよ」「えっ、えぇん。えっ、えぇん。」「どうして泣(な)いているの?お前(まえ)はいい子(こ)だからなんにもこわいことないのよ」「違(ちが)うの。インゲルがかわいそうなの。お母(かあ)さま、インゲルを許(ゆる)してあげたいわ。それでお人形(にんぎょう)をあげて、いっしょに遊(あそ)びたい」その時(とき)です。インゲルの頬(ほほ)に、暖(あたた)かい涙(なみだ)が流(なが)れました。「あぁ、神(かみ)さま)」インゲルの体(からだ)は光(ひかり)に包(つつ)まれ、高(たか)く舞(ま)い上(あ)がりました。

어느 날, 한 엄마가 자신의 딸에게 잉겔의 이야기를 했습니다. "잉겔은 매우 나쁜 애여서 계속 벌을 받고 있어." "앙, 앙, 앙, 으앙." "왜 우는 거야? 넌 착한 아이여서 아무 것도 무서워 할 일은 없어." "아냐, 잉겔이 불쌍해. 엄마! 잉겔을 용서해주고 싶어. 그래서 인형을 주고 함께 놀고 싶어." 그 때입니다. 잉겔의 빰에 따뜻한 눈물이 흘렀습니다. "아, 하느님." 잉겔의 몸은 빛으로 둘러싸여 높이 날아올랐습니다.

「あっ、お母(かあ)さま。あそこの小鳥(ことり)、自分(じぶん)では全然(ぜんぜん)食(た)べないで、他(ほか)の小鳥にパンをゆずってあげてるよ。なんだか、汚(きたな)くってみすぼらしい鳥(とり)だなぁ」

"앗, 엄마. 저기 작은 새, 자기는 하나도 안 먹고, 다른 작은 새에게 빵을 주고 있어요. 왠지 더럽고 초라한 새이네."

インゲルは灰色(はいいろ)の小(ちい)さな鳥(とり)になったのです。そしてパンくずを拾(ひろ)っては他の小鳥(ことり)に与(あた)えました。きっと、そのパンくずが、自分(じぶん)の踏(ふ)んだパンと同(おな)じ大(おお)きさになったとき、インゲルは真(ま)っ白(しろ)い鳥(とり)になって、神(かみ)さまのもとに飛(と)んでいくことがで

きるのでしょう。〈終わり〉

잉겔은 잿빛의 작은 새가 된 것입니다. 그리고 빵 조각을 주워서는 다른 작은 새들에게 주었습니다. 분명히 그 빵조각이 자기가 밟은 빵과 같은 크기가 되었을 때, 잉겔은 새하얀 새가 되어 하느님 곁으로 날아 갈 수 있겠지요. 〈끝〉

☞ 먼저 의미를 새겨보려는 노력 없이 본문을 들어 보자.
☞ 번역 부분을 보면서 본문을 들어 보자.
☞ 자음(반모음)과 모음에 유의하며 본문을 들어 보자.
☞ 악센트(평판식 · 기복식)에 유의하며 본문을 들어 보자.
☞ 문말 인토네이션에 유의하며 본문을 들어 보자.
☞ 포즈에 유의하며 본문을 들어보자.
☞ 들으면서 쉐도우리딩(shadow reading)을 수차례 반복함으로써 모든 음성 정보 감각을 배양해 보자.

〈참고문헌〉-인터넷 자료는 주에 명시함

가와카미 신(川上蓁, 1992)『日本語音声概説』桜楓社, pp.1-122.

구보조노 하루오(窪薗晴夫)・오타 사토시(太田聡, 1998)『音韻構造とアクセント』研究社出版, pp.1-239.

구보조노 하루오(窪薗晴夫, 1999)『日本語の音声』岩波書店, pp.1-246.

김숙자(2007)『일본어 음성교육』제이앤씨, pp.1-203.

노사와 모토코(野沢素子, 1990)「第2章 音声」『日本語概説』桜楓社, pp.23-63.

기타하라 야스오(北原保雄, 1996)「第二章 音声・音韻」『概説日本語』朝倉書店, pp.15-36.

나카죠 오사무(中條修, 2005)『日本語の音韻とアクセント』勁草書房, pp.1-141.

다카미자와 하지메 감수(高見澤孟監修, 2004)『새롭게 시작하는 日本語教育』語文学社, pp.3-277.

다쿠보 유키노리 외(田窪行則他, 1998)『音声』岩波書店, pp.1-256.

마쓰자키 히로시(松崎寛)・가와노 도시유키(河野俊之, 2002)『よくわかる音声』アルク, pp.1-197.

마쓰자키 히로시(松崎寛)・가와노 도시유키(河野俊之, 2015)『音声23』アルク, pp.3-225.

민광준(2008)『일본어 음성학 입문』건국대학교출판부, pp.5-272.

사쿠마 가나에(佐久間鼎, 1968)『標準日本語の発音・アクセント』恒星社厚生閣, pp.1-204.

쓰조메 나오야(都染直也, 2003)「第2章 音声・音韻」『概説日本語学』明治書院, pp.21-63.

쓰조메 나오야(都染直也, 2007)「音声と音韻」『現代日本語学入門』明治書院, pp.24-41.

시미즈 후미토(清水史, 2002)「第2章 音声・音韻」『概説 日本語学・日

本語教育』おうふう, pp.17-31.

시바타니 마사요시(柴谷方良, 1991) · 가게야마 타로(影山太郎) · 다모리 이쿠히로(田守育啓) 『言語の構造-理論と分析』くろしお出版, pp.3-323.

아마누마 야스시(天沼寧, 1985) · 오쓰보 가즈오(大坪一夫) · 미즈타니 오사무(水谷修) 『日本語音声学』くろしお出版, pp.3-191.

오 노부코(王伸子, 2004) · 오시마 츄세(大島中正) · 가사미 타노무(鹿島央) 『音声, 文字 · 表記』東京法令出版, pp. 1-185.

우에하라 사토시(上原聡) · 구마시로 후미코(熊代文子, 2007) 『音韻 · 形態のメカニズム』研究社, pp.1-250.

음성문법연구회(音声文法研究会, 1997) 『文法と音声』くろしお出版, pp.3-309.

음성문법연구회(音声文法研究会, 2001) 『文法と音声』くろしお出版, pp.3-292.

이마다 시게코(今田滋子, 1992) 『発音』凡人社, pp.1-207.

이소무라 가즈히로(磯村一弘, 2009) 『音声を教える』ひつじ書房, pp.1-171.

이케가미 마키코 외(池上摩希子外, 1998) 『日本語教育重要用語』バベル · プレス, pp.1-291.

이케다 유코(池田悠子, 2008) 『やさしい日本語指導5 音韻/音声』国際日本語研修協会, pp.1-111.

죠하쿠타로(城生佰太郎, 1992) 『音声学』株式会社アポロン, pp.1-218.

천호재(2014) 「15 외래어의 사회언어학적 이해」 『일본문화의 이해와 일본어교육』 역락, pp.291-334.

천호재(2019) 「제2장 일본어의 음성과 음운」 『일본어학의 이해』 어문학사, pp.35-55.

후루타 도사쿠(古田東朔外, 1987) 「第2章 音韻」 『新日本語概説』くろしお出版, pp.19-34.

색인

천호재

일본 도호쿠(東北)대학 문학연구과 언어학박사(ph.d)
계명대학교 인문국제대학 일본어문학과 부교수 재직

일본어 음성의 이해

초판 발행 _ 2019년 5월 20일

저　　자 • 천 호 재
발 행 인 • 정 현 걸
발　　행 • 신 아 사
인　　쇄 • 대명프린팅
주　　소 • 서울시 은평구 통일로 59길 4 (2F)
전　　화 • 02)382-6411 · 팩스 02)382-6401
홈페이지 • www.shinasa.co.kr
E-MAIL • shinasa@daum.net
출판등록 • 1956년 1월 5일 (제9-52호)

ISBN 978-89-8396-343-7(93730)

정가 13,000원